礼记·孝经

中华大字经典

胡平生　陈美兰　译注

中华书局

图书在版编目(CIP)数据

礼记·孝经 / 胡平生,陈美兰译注.—北京:中华书局,
2011.2(2014.8 重印)
　(中华大字经典)
　ISBN 978 – 7 – 101– 07803 – 9

　Ⅰ.礼… Ⅱ.①胡…②陈… Ⅲ.①礼仪—中国—古代
②礼记—译文③家庭道德—中国—古代④孝经—译文
Ⅳ.①K892.9②B823.1

　中国版本图书馆 CIP数据核字(2011)第 007863 号

书　　　名　礼记·孝经
译 注 者　胡平生　陈美兰
丛 书 名　中华大字经典
责任编辑　刘胜利
出版发行　中华书局
　　　　　　（北京市丰台区太平桥西里 38 号　100073）
　　　　　　http://www.zhbc.com.cn
　　　　　　E–mail:zhbc@zhbc.com.cn
印　　刷　北京天来印务有限公司
版　　次　2011 年 2 月北京第 1 版
　　　　　　2014 年 8 月北京第 3 次印刷
规　　格　开本 /787 × 1092 毫米　1/16
　　　　　　印张 14¼　插页 2　字数 150 千字
印　　数　12001–15000 册
国际书号　ISBN 978 – 7 – 101– 07803 – 9
定　　价　23.00 元

《中华大字经典》出版说明

"中华大字经典"系列丛书是为老年朋友阅读传统经典而编辑出版的。

每年我国有数十万人进入老年人行列,每年我国大约出版图书数十万种,但是为老年人出版的图书比例甚小。很多老年读者感叹:眼睛越来越花,图书的字倒越小越密,用放大镜看书实在太不方便了!如何为数以亿计的老年朋友出版他们能读的图书,应该是整个出版界需要认真考虑的问题。

近年来,"国学热"不断升温,大批老年朋友也希望一睹经典原貌、品尝经典的原汁原味,更有不少是在年轻时就读过这些经典,退休以后打算利用闲暇重读经典。中华书局是我国传统文化读物的出版重镇,近百年来出版了大批优秀图书。为提倡尊老敬老的社会风尚,顺应老年朋友的需要,我们精心策划了这套"中华大字经典"系列丛书。

从选目上看,它既包括"四大名著"这样的古代文学经典作品,也包括《论语》、《孟子》、《庄子》、《孙子兵法》等思想文化经典;在内容方面,我们对文本精心标点、准确注释;在设计上,充分考虑老年读者的特点,装帧、封面的设计大方得体,正文部分采用大字排版,疏朗有致,而对部头较大的图书,采用分册处理,让老年朋友拿得住、看得清、读得懂。

本套丛书是中华书局所做的一次尝试,热忱希望社会各界和广大读者提出宝贵意见,帮助我们更好地做好这套书,也热诚希望有更多的出版社加入到我们的行列中来,为广大老年朋友奉献出更适合他们需求的图书精品。

中华书局编辑部
2011 年 1 月

目　录

礼　记

孝　经

前　言

　　传世《礼记》有《大戴礼记》与《小戴礼记》之分,本书指的是《小戴礼记》。以下从作者与编者、来源与成书、内容与分类、意义与价值等四个方面,分别介绍《礼记》。

一　《礼记》的作者与编者

　　《礼记》是一部以儒家礼论为主的论文汇编。

　　较早提出著述《礼记》的,如《史记·孔子世家》认为《礼记》传自孔子,《孔子世家》所谓的《礼记》是广义的,包含《仪礼》、先秦古礼在内的礼论作品。到了东汉,《汉书·艺文志》礼类有"《记》百三十一篇"一条,班固自注"七十子后学者所记",以孔子弟子及其后学概括,无法确认具体的作者。再到唐代,陆德明《经典释文·序录》认为,《礼记》本是孔子门徒共撰所闻的著作,后人通儒又各自斟酌损益以续学。陆氏并进一步指出,《中庸》是子思伋所作,《缁衣》是公孙尼子所撰,又引郑玄说《月令》乃吕不韦所撰,引卢植说《王制》是汉文帝时博士所为。孔颖达《礼记正义》的看法与陆氏大体相同。后世也不乏讨论《礼记》作者的论述,但除了少数单篇作者或可具体落实之外,大多篇章的作者已不可考。

　　自郑玄以来,传统观点都认为《礼记》是由西汉戴圣编纂成书的。郑玄《六艺论》说:"戴德传《记》八十五篇,则《大戴礼》是也;戴圣传《礼》四十九篇,则此《礼记》是也。"戴德、戴圣是叔侄关系,后世又以大、小戴分别之。

　　戴圣,字次君,《汉书·儒林传》说:

　　　　德号大戴,为信都太傅;圣号小戴,以博士论石渠,至九江太守。由是《礼》有大戴、小戴、庆氏之学。

　　石渠,即石渠阁,是汉代的国家图书馆,兼具收藏珍本秘籍与举办学术会议的功能。汉宣帝甘露三年(前51),由太子太傅萧望之主持,召集儒生若干人齐聚石渠阁,讲论五经异同,戴圣也在其列。戴圣在宣帝时立为博士，后来官至九江太守。他的著作，除了编纂《礼记》之外，还有《石渠礼论》、《群经疑义》等著作。

近世有学者质疑《礼记》编纂者的传统说法，较具影响力的应属洪业的《礼记引得序》(1936)，他认为《礼记》不是戴圣编纂的，其编纂时间应在大、小戴之后、郑玄之前，而且不必是一人所辑、一时所成。

二 《礼记》的来源与成书

今本《礼记》有四十九篇，各篇来源不尽相同，王锷《礼记成书考》汇集各家见解后指出：《礼记》应是选辑自《汉书·艺文志》所录"《记》百三十一篇"、《明堂阴阳记》等几种著作，以及《曾子》、《子思子》等已亡佚的儒家文献；而这些"礼记"所议论的内容，是今本《仪礼》十七篇以及散见其他古书或早已亡佚的古礼。

有关《礼记》的成书经过，历来论著甚多，台湾学者周何《礼学概论》分为附经而作、单独成篇、选编成书、定本流传四大阶段。我们结合出土文献来看，前两阶段的顺序是否必然，还有待商榷，因为先秦既有附经而作的记文，也有单独成篇的记文，本书将这两阶段放在一起，并根据出土文献补充说明如下：

（一）附经而作与单独成篇

早期《礼记》附经而作，可从今本《仪礼》看到证据。今本《仪礼》十七篇，其中十一篇经文末端都有个"记"字，然后接着书写发明经文的内容，如《士冠礼》、《士昏礼》、《乡饮酒礼》、《乡射礼》……这可能是当时学者读礼经时，在每卷经文后面的空白竹简随手附记说明或感想，这些记文便是早期附经而作的痕迹。

单独成篇的形态，在先秦也已经出现。以今本《缁衣》为例，战国时期郭店楚墓竹简及上海博物馆购藏竹简各有一篇《缁衣》，内容大同小异；又如今本《孔子闲居》，部分文字也见于上海博物馆购藏简（题为《民之父母》），这都是最好的明证。

汉初所见的《礼记》，也可能是单篇形式。据《汉书·景十三王传》，景帝时河间献王刘德修学好古，从四方民间搜集不少古书：

> 献王所得书皆古文先秦旧书，《周官》、《尚书》、《礼》、《礼记》、《孟子》、《老子》之属，皆经传说记，七十子之徒所论。

颜师古注："《礼》者，礼经；《礼记》者，诸儒记礼之说也。"《礼记》与《礼》并列，可见学者有意将"礼记"别为一类。

又据《汉书·艺文志》、《说文解字·叙》，汉武帝末年，鲁恭王坏孔壁而得古文典籍数十篇，其中就有《礼记》。据此，李学勤《郭店简与〈礼记〉》认为："《汉志》的'《记》百三十一篇'便包括孔壁所出和河间献王所得两来源"。至于这两种"礼记"流传形式，李学勤认为由于先秦简帛流传不易，书籍多以单篇行世，所以不管是河间献王得书或孔子壁中书，必有许多书的单篇；也就是说，上述所谓的"礼记"未必指书籍，可能只是通称。

这些先秦至汉初的"礼记"与戴圣所编纂《礼记》的关系，吴承仕《经典释文叙录疏证》认为，后者（戴圣编《礼记》）犹如"晚出之丛书"，而前者（各种《礼记》来源）则如"稍古之丛书"，这可以算是一个贴切的比喻。

（二）选编成书

汉宣帝时期，戴圣与其叔戴德都在学官讲授《礼》。从今本《仪礼》可知，各篇备载的仪节虽然十分具体，但这种行礼如仪的节目单，难免枯燥乏味。而传世"礼记"，累积了历来儒家学者的精彩阐释，对各种仪节赋予精神与意义，可让平板无奇的礼单变得生动，深化礼意，因此二戴选编适用的礼学参考数据，而成大、小戴《礼记》，作为讲学的辅助材料。

（三）定本流传

戴圣虽然编纂了《礼记》一书，但为了配合讲学需要，篇目未必始终相同，因此定本未必在西汉就已成形。到了东汉，郑玄为三《礼》作注，据陆德明《经典释文·叙录》："马融、卢植考诸家同异，附戴圣篇章，去其繁重，及所叙略，而行于世"，经过名重士林的经学大师郑玄作注，使《礼记》的可读性更加提高，于是有了定本《礼记》流传至今。

三 《礼记》的内容与分类

今本《礼记》共四十九篇，其中《曲礼》、《檀弓》、《杂记》三篇因篇幅较长而分上下篇，实际为四十六篇。本书因篇幅之限，无法全部注译，因此依今本《礼记》篇次，略述各篇内容要旨如下：

1.《曲礼》上下：略记吉、凶、军、宾、嘉五礼仪文，兼及日常洒扫应对进退之法。

2.《檀弓》上下：杂记各种行礼故事，尤以丧礼为多数。

3.《王制》：记述君王应有的行政制度，其中部分有历史依据，部分则是理想之言。

4.《月令》:按十二个月次,记录各月天象特征,并说明政令、祭祀、行礼等事宜。

5.《曾子问》:以孔子与曾子问答方式,记录丧礼中的特殊事例,也兼及冠、昏等吉礼。

6.《文王世子》:记世子的教育问题,以及相关教育制度等。

7.《礼运》:主要叙述礼义、礼制的源流与运行。

8.《礼器》:阐述礼能使人成器之义,成器指成德器之美或用器之制。

9.《郊特牲》:杂记各礼,发挥礼义,其中又以祭祀较多。

10.《内则》:记家庭内各种人际关系的日常生活准则。

11.《玉藻》:记天子诸侯的饮食衣饰居处之法,以及其配偶的服制等。

12.《明堂位》:记鲁国国君因周公之德而可袭用古代天子衣服、器物之事。

13.《丧服小记》:主要记丧礼中特殊的服饰要求。

14.《大传》:记服制、宗法、祭法等制度。

15.《少仪》:记各种应对仪节,与《曲礼》相近。

16.《学记》:记古代学校教人、传道、授受的顺序以及教育得失与兴废之故。

17.《乐记》:主要阐述乐的形成与功能,并论述礼乐的关系及影响等。

18.《杂记》上下:以杂记丧礼细节为主。

19.《丧大记》:记国君、大夫、士之丧制,器物方面的介绍尤其详细。

20.《祭法》:记载有虞氏至周朝制定祭祀天地众神的法度。

21.《祭义》:记祭祀主敬之义,同时述及孝悌祭先之道、养老尊长之义,可与《祭法》互相发明。

22.《祭统》:从不同方面论祭祀的意义。

23.《经解》:讲六经的教化功能,兼及天子德配天地、霸王治民之器、治国隆礼之道。

24.《哀公问》:记鲁哀公向孔子问礼、问政,旨在解说为政先礼、礼为政教之本的精神。

25.《仲尼燕居》:借孔子与弟子问答,说明礼的本质、内容、作用、意义。

26.《孔子闲居》:借孔子与子夏问答,阐述如何修身行事才能成为民之父母。

27.《坊记》:记如何透过礼的消极节制作用防禁各种过失。

28.《中庸》:主要阐述中庸之道。

29.《表记》:记君子如何处世为人以作为人民表率。

30.《缁衣》:多记君臣上下关系、君化民之道,兼及君子交友之道与言行准则等。

31.《奔丧》:主要记士身在异国他乡而返乡奔丧之礼,兼及天子与诸侯。前人指出本篇应属礼经,而非礼记的性质。

32.《问丧》:阐述丧礼某些仪节的意义,如始死、殡尸、安魂之祭、寝苫枕块、束发、拄杖等,并说明丧礼之制乃本于人情等。

33.《服问》:记丧服有关问题。

34.《闲传》:记居丧时由于亲疏不同而表现的各种行止。

35.《三年问》:记父母丧所以三年之义,兼阐述服丧期限何以长短不同之理。

36.《深衣》:记深衣制度及意义。

37.《投壶》:专记投壶之礼。本篇应属礼经,而非记文。

38.《儒行》:记儒者德行的特征。

39.《大学》:记博学而可以为政治国之义。

40.《冠义》:记《仪礼·士冠礼》之义。

41.《昏义》:记《仪礼·士昏礼》之义。

42.《乡饮酒义》:记《仪礼·乡饮酒礼》之义。

43.《射义》:记《仪礼》之《乡射礼》与《大射仪》。

44.《燕义》:记《仪礼·燕礼》之义。

45.《聘义》:记《仪礼·聘礼》之义。

46.《丧服四制》:阐述制定丧服所根据的四种原则——恩(恩情)、理(义理)、节(节制)、权(权变),分别本之于仁、义、礼、智。

最早为《礼记》分类者,应属刘向《别录》,刘向将《礼记》分为十一类:

(一)通论:《檀弓》上下、《礼运》、《玉藻》、《大传》、《学记》、《经解》、《哀公问》、《仲尼燕居》、《孔子闲居》、《坊记》、《中庸》、《表记》、

《缁衣》、《儒行》、《大学》,共十六篇。

（二）制度:《曲礼》上下、《王制》、《礼器》、《少仪》、《深衣》,共六篇。

（三）丧服:《曾子问》、《丧服小记》、《杂记》上下、《丧大记》、《奔丧》、《问丧》、《服问》、《闲传》、《三年问》、《丧服四制》,共十一篇。

（四）祭祀:《郊特牲》、《祭法》、《祭义》、《祭统》,共四篇。

（五）吉事:《冠义》、《昏义》、《乡饮酒义》、《燕义》、《聘义》、《射义》,共六篇。

（六）吉礼:《投壶》,一篇。

（七）明堂阴阳:《明堂位》,一篇。

（八）明堂阴阳记:《月令》,一篇。

（九）世子法:《文王世子》,一篇。

（十）子法:《内则》,一篇。

（十一）乐记:《乐记》,一篇。

刘向的分类,虽然可使读者提纲挈领地了解《礼记》,但囿于《礼记》内容实在驳杂,不免未惬人意,因此后世也有不少学者重新分类:如吴澄《礼记纂言》分为通礼、丧礼、祭礼、通论四大类,几乎打散刘向原来的分类;又如梁启超《要籍解题及其读法》,分为记述礼节、记述政令、解释礼经、专记孔子言论、记孔门及时人杂事、杂记制度、考证缺席礼节、通论礼意、杂记格言、专记掌故十类,分类标准颇异于前人。我们再介绍另一种分类方法,高明《礼学新探·礼记概说》:

（一）通论

1. 通论礼意:《礼运》、《礼器》、《效特牲》、《经解》、《哀公问》、《仲尼燕居》。

2. 通论与礼有关之学术思想:《孔子闲居》、《乐记》、《学记》、《大学》、《中庸》、《坊记》、《表记》、《缁衣》、《儒行》。

（二）通礼

1. 关于世俗生活规范:《曲礼》上下、《内则》、《少仪》、《深衣》、《玉藻》。

2. 关于国家政令制度:《月令》、《王制》、《文王世子》、《明堂位》。

（三）专论

1. 丧礼

甲．逸礼正经:《奔丧》。

乙．论变礼：《檀弓》上下、《曾子问》。

丙．记丧制：《丧大记》、《丧服小记》、《杂记》上下、《服问》。

丁．论丧义：《大传》、《闲传》、《问丧》、《三年问》、《丧服四制》。

2．祭礼

甲．祭制：《祭法》。

乙．论祭义：《祭义》、《祭统》。

3．冠礼：《冠义》。

4．昏礼：《昏义》。

5．乡饮酒礼：《乡饮酒义》。

6．射礼：《射义》。

7．燕礼：《燕义》。

8．聘礼：《聘义》。

9．投壶礼（含逸礼正经一篇）：投壶。

分类往往是见仁见智的，所持标准不同，类目自然就有别。高氏分类，对于想初步掌握《礼记》驳杂内容的读者而言，应有所帮助。

四 《礼记》的意义与价值

《仪礼》或其他古礼经是研究古代礼制的重要文献，但由于内容多是礼节仪式，对于各种仪节设计的用意，读者往往难以知晓，《礼记》补足了这点缺憾。今本《礼记》的《冠义》、《昏义》、《乡饮酒义》、《射义》、《燕义》、《聘义》等篇，正是阐释《仪礼》中相应的专礼，而与丧服有关的《丧服小记》、《问丧》、《闲传》等篇，则是补记《仪礼》的《丧服》、《士丧礼》等篇的不足。《礼记》关于阐释礼经意涵的篇章，可指引后人阅读礼经的思考方向。

除了阐释古礼经义之外，《礼记》也选编儒家礼论著述，因此也是后人深究儒学思想的重要数据，梁启超《要籍解题及其读法》说：

> 欲知儒家根本思想及其蜕变之迹，则除《论语》、《孟子》、《荀子》外，最要者实为两《礼记》。而《礼记》方面较多，故足供研究资料者亦较广。

透过《礼记》，可以看到儒家小至修身、大至治国的种种思想。

以教育思想为例。我们从《论语》里可以看到孔子与学生之间的互动，可以基本勾勒出儒家教育思想的概貌，而通过《学记》，我们看到的是完整地体现儒家教育理念的专论。《学记》所提出的教育思想及方法,至今仍是学校教育,乃至所有广义的"教育者"与"学习者"都具有指导意义的论著。以教学方法为例,《学记》提出"豫"、"时"、"逊"、"摩"四种理论:"豫"是预防,一如现代学校要订定共同生活常规,导引学生品行,使学生懂得为与不为的分寸,这便是"豫"的观念;"时"是适时,意指在适当时机教育学生合宜的知识,可说是结合孔子"因材施教"与兵家"因势利导"的观念;"逊"是渐进,指循序渐进地施教,就像各级学校选编教材莫不由浅至深、由简及繁、由具体而抽象,以配合学生逐步成长的理解能力;"摩"是观摩,意指互相观摩学习,其中含藏着孔子见贤思齐的学习精神,也是现代学校教育甚至社会各行各业善用的方法。《学记》的意义不止是后人研究儒家教育观的学术资料,两千多年来,它一直为历来无数"教者"、"学者"指引方向,韩愈写出有名的《师说》、《进学解》,岂能不受《学记》启发!现代校园有所谓的观摩教学、鼓励各级教师应该多多进修等,其理念源头焉能与《学记》以至孔子无关!

此外,《礼记》也保留许多值得深思遵循的处世之道。如《少仪》说"不窥密",即不窥探他人的私密,今天常讲保护个人的隐私权,而各类大众传媒上却总是流言满天飞,狗仔队大行其道,因此这古老而又陈旧的道德规范,至今并不过时。《礼记》中所记个人修身养性的基本准则,俯拾即是。研读《礼记》不只让我们了解古代儒家的思想,更可鉴古知今,为现代人安身立命的处世之道。

《礼记》的今注今译,近十年来有许多新著问世,如杨天宇的《礼记译注》(中华书局,1997)、姜义华的《新译礼记读本》(台湾三民书局,1997)、吕友仁、吕咏梅的《礼记全译》(贵州人民出版社,1998)、王文锦的《礼记译解》(中华书局,2001)、钱玄、钱兴奇的《礼记》(岳麓书社,2001)、潜苗金的《礼记译注》(浙江古籍出版社,2007)等。本书编写旨在推广,希望以平浅易读的文字,引领一般读者了解《礼记》的要义。考虑出版字数的限制,我们只能选录部分篇章:全篇选释的篇目有《曲礼》上、《学记》、《祭法》、《经解》、《缁衣》、《冠义》、《昏义》;部分选释的篇目有《曲礼》下、《王制》、《礼运》、《乐记》、《祭义》。

各篇内容分为四部分:首先是题解,先引郑玄《礼记目录》,然后再概括通篇内容旨意。其次是正文,参考其他版本据实校勘,有误者于注释中说明。再次是注释,注释兼及章句训诂与名物制度解释,引述各家说法以简明为原则,常见的郑玄注、孔颖达疏简称郑注、孔疏,其他注家或相关著作则引用作者与书名,如陈澔《礼记集说》、孙希旦《礼记集解》。最后是译文,译文以直译为主,原文过于精干无法直译表达时,才兼用意译。

*　　*　　*　　*

中国的古书浩如烟海,如果说让我们从这浩茫的书海中评选出一部字数最少、内容最浅,而影响最大、争议最多的著作的话,那毫无疑问要数《孝经》了。

《孝经》总字数不过一千八百余言,可是,两千年来,上至帝王将相,下至黎民百姓,广为传习,备加尊崇,影响所及,远至异族异国。《孝经》文义浅白,基本上没有诘屈聱牙的字句,可是围绕着它的作者、成书时代、文字异同、传注源流等一系列问题,千余年来论战不休。爰及近代,更将邻邦日本的学者也牵扯进这场笔墨官司中。我们认为,《孝经》确是中国文化史上最重要的典籍之一,要了解古代的中国社会,要了解源远流长的封建宗法制度,要了解根深蒂固的以"忠孝"为核心的封建思想,就必须对《孝经》作一番透彻的研究。有人说,"孝道是中国固有文化的精华,而《孝经》是阐发此种精华的典籍"。但此说未必允当。《孝经》一书,虽也谈孝,但核心却并不在阐发孝道,而在以"孝"劝"忠"。今天读《孝经》必须用新的观点和材料,对其作全面的考察,给予正确的、公允的评价。

一　《孝经》的作者、成书及书名

《孝经》的作者,历来众说纷纭,概括起来大约有八种说法。

1. 孔子说。见班固《汉书·艺文志》。

2. 曾子说。见司马迁《史记·仲尼弟子列传》。

3. 曾子门人说。宋人胡寅说,见朱彝尊《经义考》卷二二二。

4. 子思说。宋人冯椅说,见王应麟《困学纪闻》。

5. 孔子门人说。见司马光《古文孝经指解·序》。

6. 齐鲁间儒者说。朱熹说,见《经义考》卷二二二。

7. 孟子门人说。近人王正己说,见《古史辨》第四册《孝经今考》。

8. 汉儒说。姚际恒说,见《古今伪书考》。

这八种说法,反映了《孝经》真伪之争中两种完全对立的观点。前五说,还把《孝经》看作上古之书。后三说,都把《孝经》看成是后人编撰之书,即是伪书。还有一种折衷意见说,先秦虽然确实有《孝经》,但因文简义浅，传诵者甚少，经秦始皇焚书坑儒，遂告绝亡。到汉初，有些儒生利用《吕氏春秋》引用过的《孝经》文字，杂糅先秦各书，伪纂成今本《孝经》。指斥《孝经》是伪书的人，都是使用传统的辨伪方法得出这一结论的。特别是近代"疑古派"的先生们，"辨伪"大帚几乎要把早期的古籍都扫进伪书的行列中。然而，自七十年代以来，地下出土的大量的战国、秦、汉简帛文书的整理成果，却从根本上动摇了这旧有的方法和旧日的结论。近来，已有学者利用丰富的地下发现对古书的年代进行了"再认识"。他们指出，古书往往不题撰人，并没有概念明确的作者；许多古籍非成于一时，又非出于一手；有些古籍又经过后人整理，甚至也有附益和增饰，尽管如此，也不能把这些古籍斥为伪作。我们是赞同这种看法的。

《孝经》记载了孔子向曾参讲述孝道的言论，上古时没有后代那样的著作意识，讲述就是一种创作。孔子当然是《孝经》作者。但是，孔子最初的讲述可能是零散的，不系统的，比较口语化的，他的学生把这些言论记录下来，归纳整理，甚至还进行过文字上的润饰、加工。最初做这项工作的可能是曾参，后来是曾参的学生，因此，文中曾参也被称为"曾子"。从这个意义上说，孔子、曾子和他的学生（或学生的学生）都是《孝经》的作者。

《孝经》的成书，至迟不晚于公元前 241 年，这一年《吕氏春秋》修成，其中《察微篇》和《孝行览》都引用了《孝经》文字。所以，汪中《经义知新记》说："《孝行》、《察微》二篇并引《孝经》，则《孝经》为先秦古籍明。"

有人指出，《孝经》与《荀子》、《左传》、《孟子》等书文字内容有雷同之处，乃是《孝经》抄袭了这几种书。这个问题需要分析。如其所引《左传》有关文字，全是当时的名臣名言，这些言论也会通过一定的渠道在社会上传播，也可能载入官方的"史记"，其他人就有可能借用或发挥。这里并不存在谁抄袭谁的问题，而是《左传》与《孝经》有着共同的史实为依据。有人认为《孝经》与《孟子》也有些联系。清人陈澧《东塾读书记》说："《孟子》七篇中，多与《孝经》相发明。"清人任大椿《孝经本义·序》说："《孝经》一书，孔子为曾氏而作，而曾氏门人次而成之者也。……再传至孟子，复推明是书以昭后世。"（《有竹居集》卷八）他注意到孟子与《孝经》的关系是对的，但说孟子"推明是书"却缺乏根据。实际上，《孟子》思想与《孝经》的一些观点并不一致。那么，在《孟子》成书前后，对《孝经》进行过整理工作的人是谁呢？我们推测，可能是乐正子春和他的学生，或者是他的学生的学生。

乐正子春似乎与"孝道"、《孝经》有些特殊的关系。文献中关于他的孝行故事很多,而且往往与《孝经》的内容有联系。《礼记·祭义》里也记了他的论孝言论,说是"吾曾闻诸曾子,曾子闻诸夫子"。《礼记》及《公羊传》都有他孝亲的故事。从师承关系上说,乐正子春是曾子的学生,曾子临终,他与曾子的两个儿子曾元、曾申守在病榻边。他与孟子时代较近,而孟子约生于公元前 385 年,卒于公元前 304 年。认定《孝经》在战国晚期曾由乐正子春的弟子(或再传弟子)加以整理,就能够解释许多现象。

关于《孝经》的名称,也是一个长期纷争不已的问题。班固在《汉书·艺文志》中说:

> 夫孝,天之经,地之义,民之行也。举大者言,故曰《孝经》。

后人对此大有怀疑。我们认为,《孝经》称之为"经",与《易》、《诗》、《书》称"经"意思并不完全相同。《易经》、《诗经》、《书经》是汉人把儒家著作奉为经典后加上去的,《孝经》的"经"是道理、原则、方法的意思。事实上,书名、篇名中的"经"字并不都是"后代俗人"所加,先秦诸子书中其例甚多,出土材料中也有例证。马王堆三号汉墓出土的《老子》乙本卷前古佚书中有《经法》、《十六经》等,皆为战国晚期的著作。邢昺《孝经注疏》说"经"是"常行之典",突出了"典"的意思是不对的。皇侃在《孝经义疏》中说:"经者,常也,法也。……言孝之为教,使可常而法之,……故名曰《孝经》。"这样诠释就比较妥当。用今天的话说,《孝经》就是"关于孝的道理"、"行孝的方法"的意思。《吕氏春秋》已引用了《孝经》这一名称,可见它在战国时甚至在最早成书时固已有之,并不是后代将它奉为经典后才加上去的。

二 《孝经》的今文和古文、郑注和孔传

战国时期,秦国用"籀文"(大篆),而东方六国各有自己的文字,汉代人称之为"古文"。先秦典籍多用"古文"书写流传,在秦代被禁绝,至汉代复出,一些学者用当时流行的隶书转录或抄写这些典籍,于是便有了"今文"本。学习研究与传布不同的文本,便成为不同的学派。《孝经》也有今文和古文之别,今文有郑注,古文有孔传,历史上斗争十分激烈。

今文《孝经》,据《隋书·经籍志》说:"遭秦焚书,为河间人颜芝所藏。汉初,芝子贞出之,凡十八章,而长孙氏、博士江翁、少府后仓、谏议大夫翼奉、安昌侯张禹皆名其学。"又说:"至刘向典校经籍,以颜本比古文,除其繁惑,以十八章为定。郑众、马融并为之注。又有郑氏注,相传或云郑玄,其立义与玄所注余书不同,故疑之。"

而古文《孝经》，据《汉书·艺文志》和《说文解字·叙》说，武帝时，鲁恭王得之于孔子故居的墙壁之中，同时发现的还有《尚书》、《论语》、《礼记》等数十篇古文典籍。许慎之子许冲在《上许慎〈说文解字〉表》里却说：

> 慎又学《孝经》孔氏古文说。古文《孝经》者，孝昭帝时，鲁国三老所献。建武时，给事中议郎卫宏所校，皆口传，官无其说，谨撰具一篇并上。

段玉裁在《说文解字注》里解释说，这是因为汉武帝时发现的壁中书，孔安国只献出了古文《尚书》一种，所以才有昭帝时鲁国三老献古文《孝经》之事。

《汉志》又收录有"《孝经》古孔氏一篇，二十二章"。颜师古注曰："刘向云：古文字也。《庶人章》分为二也，《曾子敢问章》为三，又多一章，凡二十二章。"最早提到孔安国为古文《孝经》作传的是王肃的《孔子家语后序》。而后，《隋志》也记载了孔传流传的情况，说古文《孝经》与古文《尚书》同出，"孔安国为之传。……梁代，安国及郑氏二家，并立国学，而安国之本，亡于梁乱。陈及周、齐，唯传郑氏。至隋，秘书监王劭于京师访得孔传，送至河间刘炫"。刘炫为此作了《议疏》，但一些儒者怀疑这是刘炫伪造之作，非孔安国旧本。

关于《孝经》今文与古文，郑注与孔传的一次大论争发生在唐开元七年（719）。当时，唐玄宗诏令群儒质定《孝经》。左庶子刘知几主张行用古文，国子祭酒司马贞则指斥孔传"文句凡鄙，不合经典"。结果，玄宗最后裁定："郑仍旧行用，孔注传习者稀，亦存继绝之典。"开元十年（712），唐玄宗参用孔传、郑注以及韦昭、王肃、虞翻、刘劭、刘炫、陆澄等人的注解，以今文《孝经》为底本，作了"御注"。天宝二年（743），玄宗又作了增补修订，重注《孝经》，并刻石颁行天下。

五代之乱，郑注与孔传都亡佚了。北宋时，日本奈良东大寺高僧奝（diāo）然出使中国，所献古书有《孝经》郑注，其事约在太宗雍熙元年（984）。大概到北宋末年，《孝经》郑注又在战火中佚失。

唐以后，《孝经》今、古文之争仍在延续。北宋王安石用今文作《孝经解》，司马光则从国家书库里找到一个古文本，作了《古文孝经指解》。后来，朱熹以古文本为依据，把《孝经》分割为经、传两个部分。元代吴澄则用类似的方法，以今文本为依据，分《孝经》为经、传。清代，顺治帝《御注孝经》、雍正帝《御纂孝经集注》及康熙时颁行的"满汉合璧本"《孝经》都用今文。总的说来，唐以后《孝经》传播的大势是今文占主导地位，而古文也代有传人。

《孝经》郑玄注和孔安国传,现在多数学者都认为并不真的出自郑玄和孔安国本人之手。所谓郑玄注,最初只题"郑氏注"。根据敦煌藏经洞发现的唐宋时的《孝经》郑氏注残卷,结合古文献中所引郑注资料,现在已经能够基本上恢复郑氏注的旧貌。对照郑玄所注其他经籍,《孝经》郑注体例、文气的确与之不同。王应麟《困学纪闻》等都说"郑氏"是郑玄的孙子郑小同。他是郑玄独子益恩的遗腹子,因他的手掌纹理与郑玄相似,郑玄便为他起名叫"小同"。

孔传,隋代人怀疑是刘炫伪作,千余年来几成定谳,但此案并不能成立。1942 年,日本发现了刘炫《孝经述议》古抄本。后来,林秀一利用日本各种古抄本撰成《关于〈孝经述议〉复原的研究》,补足了《孝经述议》残本所缺的二、三、五卷。我们仔细研究了《孝经述议》,完全不相信刘炫伪造孔传的说法。

清人丁晏曾怀疑古文《孝经》孔传的作伪者是王肃。现在地下出土的材料业已证明此说不可靠。这起冤案应当平反,由此而推导出的王肃伪造古文《孝经》孔传的疑案也应推翻。

三 《孝经》在历史上的影响

《孝经》受到历代封建统治者的尊崇。西汉时,自文帝开始置《孝经》博士。昭帝始元五年(前 82),诏令举贤良文学,治《孝经》。宣帝地节三年(前 67),诏令郡县乡学皆置《孝经》师一人。由于《孝经》成为小学课本,它便以最快的速度得到普及。为了表示对孝道的重视,汉代从惠帝以后,皇帝的谥号中都加了一个"孝"字。后来各封建王朝效法者甚多。

东汉时,光武帝下令不仅儒生要读《孝经》,虎贲士(宫廷卫兵)也必须学习《孝经》。六朝时,《孝经》的注解、讲授,最为热闹。皇帝、皇太子听经、讲经、注经,成了宫廷的重要活动。东晋元帝作《孝经传》,吹捧《孝经》是:"天经地义,圣人不加;原始要终,莫逾孝道。能使甘泉自涌,邻火不焚;地出黄金,天降神女,感通之至,良有可称。"穆帝、孝武帝都多次亲讲《孝经》,还召集群臣讨论《孝经》经义。北魏时,孝文帝令侯伏侯可悉陵把《孝经》翻译成本民族的语言,"教于国人,谓之《国语孝经》"(《隋书·经籍志》)。

隋唐皆以《孝经》颁行天下。唐太宗对皇太子读《孝经》大加称赞,说"行此足以事父兄,为臣子"(《旧唐书·高宗纪》)。高宗仪凤三年(678),

诏令以《道德经》和《孝经》为上经,"贡举皆须兼通"(《唐会要》卷七五)。玄宗二度亲注《孝经》,诏令"天下家藏《孝经》,精勤教习"(《唐会要》卷七五)。天宝四年(745),玄宗又亲以八分书写《孝经》,刻石立于太学。这一形似经幢的巨大石刻,至今仍屹立在西安碑林。

宋代时,宋太宗御书《孝经》赐给李至,说:"千文无足取,若有资于教化,莫《孝经》若也。"(《宋史·李至传》)真宗咸平二年(999),诏令邢昺撰《孝经义疏》。大中祥符八年(1015),真宗又亲撰《孝经》诗,命群臣赋和。金、元两朝,少数民族入主中原,也"拜倒"在《孝经》之下。金海陵王天德三年(1151),诏令用唐玄宗御注《孝经》,授于各级学校。金世宗大定二十三年(1183),仿效汉代羽林军通《孝经》故事,以女真文《孝经》千部交检点司,分赐给护卫亲军。元世祖至元二十四年(1287),定国子学制,凡读书必先读《孝经》。元武宗时,命中书右丞亨罗帖木儿以蒙古文翻译《孝经》。武宗下诏云:"此乃孔子之微言,自王公达于庶民,皆当由是而行。其命中书省刻板模印,诸王而下皆赐之。"(《元史·武宗纪》)

明代,《孝经》仍是必读必尊的经典。明太祖说,《孝经》是"孔子明帝王治天下之大经大法,以垂万世"(《明会要》卷二六)。清代,顺治皇帝曾亲注《孝经》;康熙四十六年(1707),翻书处刊刻"满汉合璧"《孝经》。雍正五年(1727),又刊行了《钦定翻译孝经》。雍正帝将历代有关《孝经》的重要注解汇集成《孝经集注》行世。乾隆时,宫廷画家金廷标绘《孝经图》,乾隆帝亲自作题记,御书《孝经》全文与图相配;咸丰时,诏令各省学校,科举考试都要加试《孝经》。

由于封建帝王的尊崇和提倡,《孝经》在历史上具有其他典籍无可比拟的特殊地位。它既是最重要的经典文献,又是最普及的通俗读物;既被看作人伦百行的纲纪,又被当作科举仕宦的阶梯,影响之深远,其他书不可同日而语。

从传播的范围来看,敦煌出土的"和平二年十一月六日康丰国写"《孝经》残卷,据考是北魏遗物,时为公元461年。这是在西北地区发现的时间最早的《孝经》资料。《周书》说,高昌"有《毛诗》、《论语》、《孝经》,置学官弟子以相教授,虽习读之,而皆为胡语"(《高昌传》)。现在,在新疆吐鲁番高昌古墓中也发现了《孝经》和《孝经解》的残卷,实物印证了《孝经》在高昌传布的情形。其中"张孝章墓"出土《孝经》,同墓有"高昌建昌四年(558)张孝章随葬衣物疏"。在敦煌藏经洞发现的《孝经》写本,有的也有明确的时间。如伯3369,《孝经》文后有两条题记,一条是"咸通十五年八月五日沙州学生索什德"，一条是"乾符三年十月二十一年学生索什德书券"。这些材料告诉我们，《孝经》在当时中国的土地上已是无远弗届的了。

两千年来，《孝经》对于中国社会具有巨大的影响力。

1.《孝经》被视为思想权威，在著述与论辩中被广泛地征引。汉代迄于清季，私家著述、官方文告引《孝经》作为指导思想或理论依据者不胜枚举。如司马迁《太史公自序》说："且夫孝始于事亲，中于事君，终于立身，扬名于后世，以显父母，此孝之大者。"即径用《孝经》之语。在各种论辩中，《孝经》常被双方作为理论"武器"。

2.《孝经》被当作伦理道德的规范，用以扬恶劝善。甚至把《孝经》当做万应的灵药，无所不能的法宝。如《后汉书·独行列传》记向栩，黄巾起义爆发后，他主张"但遣将于河上，北向读《孝经》，贼自当消灭"。

3. 推衍、发明《孝经》的旨意，借用《孝经》制定不同的社会身份和职业的人的道德规范，如有《演孝经》、《广孝经》、《临戎孝经》、《武孝经》、《大农孝经》、《道孝经》、《佛孝经》、《女孝经》等。

4. 依据《孝经》议定礼仪制度与律令。

《孝经》在海外，特别是东亚日本、朝鲜等国，也有巨大的影响。《孝经》传入朝鲜，至迟在汉武帝元封三年（前103）朝鲜王归降，以其地为乐浪、临屯、玄菟、真番四郡前后。周世宗六年（959），高丽国王遣使进《别叙孝经》一卷、《越王孝经新义》八卷、《皇灵孝经》一卷、《孝经雌图》一卷。《孝经》传入日本，可能在梁武帝时，《日本书纪》卷十记载，继体天皇七年（513），百济五经渡日，《孝经》应当也在此时随之传入。推古天皇十二年（603，隋文帝仁寿三年），圣德太子制定宪法，其中已有"上下和睦"之语，即出自《孝经》。文武天皇大宝二年（702），以《大宝律令》颁行天下。其《学令》规定："凡学生治一经或二经，必兼通《孝经》、《论语》。"孝谦天皇天平宝字元年（757）下诏，"令天下家藏《孝经》一本，精勤诵习"。仁明天皇天长十年（833），皇太子"御读书始"，即讲习《孝经》。历代成为定制。至镰仓时代（1192—1333），幕府将军的"读书始"也讲习《孝经》。到德川时代（1604—1867），日本的汉学空前兴盛，各藩学校普遍采用《孝经》为教科书，学校的开学典礼即焚香俯伏再拜，齐声诵读《孝经》。

《孝经》传至欧洲可能在十八世纪初。德国人雷赫定（A. Reichwein）所著《中国欧洲文化交通史略》（吴宓摘译）中说："1711年，耶稣会士、比利时人卫方济（François Noël）刊行《中国六经》之拉丁文译本（6 Libri classici Sinenses)，于 Pague 地方。《六经》者,《大学》、《中庸》、《论语》、《孟子》、《孝经》与《三字经》也。"十九世纪前后,《孝经》亦陆续被译为其他几种欧洲文字。

本书为《孝经》全文译注,每章前作了简要的题解,注释主要依据唐玄宗"御注"及邢昺"正义",兼采"孔安国传"、"郑玄注"及历代注经家的意见,择善而从,尽量简明扼要,总的原则是让读者了解古人是怎样理解《孝经》的。我们希望这本小书能帮助大家读懂《孝经》,为研究伦理学问题的读者提供一些相关的资料。

作者

2011 年 1 月

礼记

曲礼上

【题解】

郑玄《礼记目录》云："名曰'曲礼'者,以其篇记五礼之事。祭祀之说,吉礼也;丧荒、去国之说,凶礼也;致贡、朝会之说,宾礼也;兵车、旌鸿之说,军礼也;事长、敬老、执贽、纳女之说,嘉礼也。"

"曲礼"一语,除了见于本篇题之外,又见于《礼记·礼器》："经礼三百,曲礼三千。"经礼是指礼的主要内容,曲礼是指礼的各种详细仪节。本篇以"曲礼"命名,自来有几种不同看法:一、郑玄《礼记目录》认为本篇内容包含吉、凶、军、宾、嘉五礼,故名"曲礼";此"曲"字有周遍之意。二、陆德明《经典释文·礼记音义》认为"曲礼"乃"仪礼"的旧名,委曲详细说礼之事。三、孙希旦《礼记集解》认为"曲礼"之命名,只是取篇首"曲礼"二字,篇首《曲礼》乃是古礼篇名。四、任铭善《礼记目录后案》认为"曲礼"之名得之于《汉书·艺文志》之《曲台后仓》九篇(《儒林传》作《后氏曲台记》),该书是汉代礼学家后仓在汉宫曲台说礼的著作,书已亡佚;任氏认为可能以此书说于曲台,故称之;也可能以其内容多引古说、曲尽礼义,故称之。

综观《礼记·曲礼》全篇,的确包括郑玄所说的五礼的各个方面,且细枝末节十分周全,又有平日举手投足、进退应对、饮食出行等生活礼仪,内容十分驳杂,郑、陆之说应该是有道理的。然而,《礼记》全书又不乏以篇首字句题名者,如《曾子问》、《文王世子》、《郊特牲》、《哀公问》等,故孙、任解题也未必不可信。

《曲礼》本为一篇,由于篇幅较大,简册繁重,所以分为上、下两篇,《檀弓》、《杂记》亦然。

本篇《曲礼上第一》,选释62小节。

1.《曲礼》曰:毋不敬①,俨若思②,安定辞③,安民哉。

【注释】

①毋不敬:郑注:"礼主于敬",所以开宗明义便说,"毋不敬"。

②俨:庄严、庄重的样子。

③安定:和气,合理,审慎。辞:指言语。

【译文】

　　《曲礼》说:遇事待人无不恭敬严谨,神态端庄持重,若有所思,说话言辞审慎,和气,合理,这样就能安定民心了。

2. 敖不可长①,欲不可从②,志不可满,乐不可极。

【注释】

①敖:同"傲",傲慢。

②从(zòng):同"纵"。

【译文】

　　傲气不可滋长,欲望不可放纵,志气不可自满,享乐不可超限。

3. 临财毋苟得①,临难毋苟免。很毋求胜②,分毋求多。疑事毋质③,直而勿有。

【注释】

①苟:苟且,随便。

②很:同"狠"。郑注:"谓争讼也。"

③疑事毋质:是指一旦对事情有所疑惑,切莫以既定的成见下判断。质,郑注:"成也。"

【译文】

　　面对财物,不该取得的东西绝不取得;面对危难,不该避开的责任绝不避开。与人争执时不求胜利,分配财物时不求多得。对于有疑的事情,不以自己的成见擅加判断,意见正确时也不自以为是。

4. 若夫坐如尸①,立如齐②。礼从宜,使从俗。

【注释】

①若夫(fú):如果。夫,为语助词。尸:古代祭祀时用以代替神鬼受祭

...

的人。孔疏："尸居神位,坐必矜庄。"

②齐(zhāi):通"斋"。

【译文】

　　如果坐着就要像尸那样庄重地端坐,站着就要像斋戒时那样恭敬地肃立。行礼要顺从时宜,出使要遵从他国的风俗。

5. 夫礼者,所以定亲疏、决嫌疑、别同异、明是非也。礼,不妄说人①,不辞费。礼,不逾节,不侵侮,不好狎。修身践言,谓之善行。行修言道,礼之质也。礼,闻取于人,不闻取人。礼,闻来学,不闻往教。

【注释】

①说(yuè):同"悦"。

【译文】

　　礼,是用来决定亲疏、判断嫌疑、分别异同、明辨是非的。礼,不胡乱取悦、讨好人,不说多余的话。礼,不逾越节度,不侵犯侮辱,不轻佻亲狎。修养自身、实践所言,叫作善行。行为有修养,说话合于道理,这是礼的本质。礼,只听说要主动向人取法学习,没听说硬让人取法学习的。礼,只听说学礼者要前来学习,没听说授礼者跑上门去传授的。

6. 道德仁义,非礼不成;教训正俗,非礼不备;分争辨讼,非礼不决;君臣上下,父子兄弟,非礼不定;宦学事师①,非礼不亲;班朝治军,莅官行法,非礼威严不行;祷祠祭祀②,供给鬼神,非礼不诚不庄。是以君子恭敬、撙节、退让以明礼③。鹦鹉能言,不离飞鸟;猩猩能言,不离禽兽。今人而无礼,虽能言,不亦禽兽之心乎?夫唯禽兽无礼,故父子聚麀④。是故圣人作,为礼以教人,使人以有礼,知自别于禽兽。

【注释】

①宦学:"宦"指为吏者,"学"指学习六艺者。孙希旦曰:"宦,谓已仕而学者;学,谓未仕而学者。"

②祷祠祭祀:吴澄曰:"祷祠者,因事之祭;祭祀者,常事之祭。"

③撙(zǔn)节:节制。

④麀(yōu):牝鹿,泛指雌兽。

【译文】

　　道德仁义,若没有礼就不能实行、完成;教导训诫、端正风俗,若没有礼就不能完备;分辨争讼,若没有礼就不能决断是非曲直;君臣上下、父子兄弟之间,若没有礼就不能确定尊卑名分;为学习做官、学习道艺而侍奉师长,若没有礼就不能亲近和睦;上朝按官位依次排列、治理军队、做官在位、执行法令,若没有礼就没有威严,一事无成;无论特别的祭祀或定期的祭祀,供奉鬼神时,若没有礼就不能虔诚庄重。因此君子抱持恭敬、节制、退让的态度,以彰显礼。鹦鹉虽能说话,终究不过是一种飞鸟;猩猩虽能说话,终究不过是一种禽兽。而今要是作为人却没有礼,虽然能说话,不也还是禽兽之心吗?只因禽兽不知礼,所以父子与同一雌兽交配。因此圣人兴起,制定礼法来教导人,使人从此而有礼,知道把自己与禽兽区别开来。

7. 大上贵德①,其次务施报②。礼尚往来,往而不来,非礼也;来而不往,亦非礼也。人有礼则安,无礼则危,故曰,礼者不可不学也。夫礼者,自卑而尊人,虽负贩者,必有尊也,而况富贵乎?富贵而知好礼,则不骄不淫;贫贱而知好礼,则志不慑③。

【注释】

①大上:指上古的三皇五帝之世。大,同"太"。郑注:"大上,帝皇之世。"

②其次:指上古以后的世代。孙希旦曰:"其次,谓后王也。"

③慑(shè):胆怯,困惑。郑注:"犹怯惑。"

【译文】

上古时以德为贵,后世才讲究施惠与回报。礼,崇尚有往有来,施惠于人而人不来报答,这是失礼;人来施惠而不去报答,也是失礼。人有礼,人际关系就会安定平和,无礼就会危险。所以说,礼是不可不学的。所谓礼,须自我谦卑而尊重别人,虽然是挑担做买卖的人,也一定有值得尊重的,何况是富贵的人呢?富贵的人而知道喜好礼,就能不骄奢淫逸;贫贱的人而知道喜好礼,心志就能够不怯懦疑惑。

8. 人生十年曰幼,学。二十曰弱,冠①。三十曰壮,有室。四十曰强,而仕。五十曰艾②,服官政③。六十曰耆④,指使。七十曰老,而传⑤。八十、九十曰耄⑥,七年曰悼⑦。悼与耄,虽有罪,不加刑焉。百年曰期,颐。

【注释】

①冠(guàn):冠礼,举行加冠的仪式,表示已成年。其礼节可参阅《仪礼·士冠礼》、《礼记·冠义》。

②艾:衰老,指发色苍白如艾。

③服官政:成为行政主管。孔疏:"五十堪为大夫,大夫得专事其官政,故曰'服官政'。"

④耆:音 qí。

⑤传:指将家族大事传给子孙。孔疏说,传给子孙的家族大事,主要是祭祀之事。

⑥耄:音 mào。

⑦悼:爱怜。

【译文】

人生十岁称为"幼",可开始学习。二十岁称为"弱",举行成人加冠礼。三十岁称为"壮",可娶妻成家。四十岁称为"强",可当官。五十岁称为"艾",可做行政主管。六十岁称为"耆",可指使人做事。七十岁称为"老",可将家族事务传给子孙。八十岁、九十岁称为"耄",七岁称为"悼"。"悼"与"耄"年龄段的人,虽然有罪,也不施以刑罚。满百岁称为"期",由人赡养,颐养天年。

9. 大夫七十而致事,若不得谢,则必赐之几杖①,行役以妇人。适四方,乘安车②。自称曰老夫,于其国则称名。越国而问焉③,必告之以其制。

【注释】

①几(jī)杖:几,一种可以靠背的用具。古人席地跪坐,为照顾老人不致过于劳累,赐几凭靠而坐可以比较舒服。杖,拄杖,拐杖。这里应特指君王赐给高龄老人的"王杖"、"鸠杖",是一种端首装有木刻鸠鸟的木杖。武威出土《王杖十简》及《王杖诏令册》都有汉代给高龄老人颁王杖及各种优待的诏令:"高皇帝以来至本始二年,朕甚哀怜者老,高年赐王杖,上有鸠,使百姓望见之,比于节;吏民有敢骂詈殴辱者,逆不道;得出入官府节第……"《张家山汉墓竹简·二年律令·傅律》:"大夫以上年七十,不更七十一……皆授杖。"在甘肃武威发掘出土的"王杖",木制,长 2 米,顶端安有木刻的鸠鸟。

②安车:可安稳乘坐的小车。

③越国而问:郑注:"邻国来问。"

【译文】

大夫七十岁时即可退休,如果无法辞官,就一定要赐给他凭几与拄杖,出差办事要带着伴随看护的妇人。出使四方,要乘坐安车。可以自称"老夫",但在本国之内仍然称名。他国使者来访问,一定要把本国的典章制度告诉对方。

10. 谋于长者,必操几杖以从之①。长者问,不辞让而对,非礼也。

【注释】

①从:往。郑注:"犹就也。"

【译文】

跟长者商议事情,一定要拿着凭几与拄杖前往。长者问话,不谦让就直接回答,是不合礼仪的。

11. 凡为人子之礼,冬温而夏清①,昏定而晨省②,在丑夷不争③。

【注释】

①清(qìng):凉。

②定:指铺设安放床褥被枕等。省:问候安适与否。

③丑:众人。夷:平辈,同侪。

【译文】

举凡做儿子之礼,要使父母冬天感到温暖而夏天感到清凉,晚上要为父母铺床而早晨要向父母请安,在众同辈之中不和人争斗。

12. 夫为人子者,三赐不及车马①,故州间乡党称其孝也②,兄弟亲戚称其慈也,僚友称其弟也③,执友称其仁也④,交游称其信也;见父之执,不谓之进不敢进,不谓之退不敢退,不问不敢对。此孝子之行也。

【注释】

①三赐:三命之赐,指为官一而再、再而三地受到君王的任命封赏。郑注:"凡仕者,一命而受爵,再命而受衣服,三命而受车马。"孝子做到三命之官,接受官位却不受车马,因为受命可光宗耀祖,受车马则只能安己身,因此不接受车马之赐。

②州间乡党:地方上的各级单位。据《周礼》记载,二十五家为间,四间为族,五族为党,五党为州,五州为乡。

③弟(tì):同"悌",敬顺兄长。这里指以对兄长的态度来对待同僚。

④执友:指志同道合的朋友。执,同志。

【译文】

做儿子的,受到三命之赐而不敢接受车马,因此州、间、乡、党地方各级都称赞他孝顺,兄弟亲戚都称赞他慈爱,共事的同僚称赞他恭顺,志同道合的朋友称赞他是仁人,平时交往的人都称赞他诚信可靠;见父亲的友人,不告诉他可以进前来就不敢任意进前来,不告诉他可以退下去就不敢任意退下去,不向他发问就不敢任意说话。这就是孝子应有的品德行为。

13. 夫为人子者,出必告,反必面,所游必有常①,所习必有业,恒言不称老②。年长以倍,则父事之;十年以长,则兄事之;五年以长,则肩随之③。群居五人,则长者必异席④。

【注释】

①常:常规,经常不变。这里指出游有规律,总去一定的地方,以免父母担心。

②不称老:以免父母听了"老"字因联想而伤感。

③肩随:并行而稍居后,表示谦逊。

④异席:古人铺席而坐,每席坐四人,并推年长者坐席端,若有五人,其中一人必须另外设席,则推长者异席,表示尊敬长者。

【译文】

做儿子的,出门前一定要禀告父母,返家后一定要面告父母;出游有常规,有一定的地方;学习一定有专业,平常说话不说"老"字。比自己年长一倍的人,就像父辈一样侍奉他;比自己年长十岁的人,就像兄长一样侍奉他;比自己年长五岁的人,与他差不多并肩而行但稍后一些。有五人同处而坐,年最长者必须另设一席单坐。

14. 为人子者,居不主奥①,坐不中席,行不中道,立不中门。食飨不为概②,祭祀不为尸③。听于无声,视于无形④。不登高,不临深。不苟訾,不苟笑。孝子不服暗⑤,不登危,惧辱亲也。父母存,不许友以死,不有私财。

【注释】

①奥:室中的西南角,古人认为是室内最尊的位置。

②食(sì)飨:食礼和飨礼。食、飨礼皆行于宴会宾客或宗庙祭祀。概:限量。

③不为尸:如儿子充当宗庙的尸,父参加祭祀,尸将尊临其父,这是孝子不能接受的。古代一般以孙辈小孩子为尸。

④听于无声,视于无形:父母没有说话,就已经知道他们要说什么;父母没有动作,就知道他们要做什么。指在父母示意之前,就揣知父母的心意。

⑤暗:此处指暗中。

【译文】

　　做儿子的,居处不敢占据室内西南角的位置,坐时不敢坐在席的中间,行走时不敢行在路的中间,站立时不敢站在门的中央。举行食、飨礼招待宾客时,饮食多寡由尊长决定,不敢擅自做主限量;祭祀时,不充当尸。虽未听到父母的声音、未见到父母的身形,就能在父母指使之前揣知他们的心意。不攀登高处,不身临深渊。不随便诋毁,不随便嬉笑。孝子不在黑暗中做事,不到危险的地方,惧怕因此使父母受辱。父母在世,不向朋友承诺可以献身去死,不背着父母私存钱财。

15. 为人子者,父母存,冠、衣不纯素①。孤子当室②,冠、衣不纯采③。

【注释】

①不纯(zhǔn)素:不以白色镶边,这是因为白色是丧服之色。纯,指衣、冠的镶边。

②孤:未婚娶而父已亡故。

③不纯采:采是喜庆之色,孝子为寄托丧父哀思,衣冠不用彩色镶边。

【译文】

　　做儿子的,父母在世,帽子与衣服不敢以白绸镶边。孤子当家,帽子与衣服不敢以彩绸镶边。

16. 幼子常视毋诳①。童子不衣裘裳②,立必正方,不倾听。长者与之提携,则两手奉长者之手。负、剑③,辟咡诏之④,则掩口而对。

【注释】

①视:通"示",示范。

②童子不衣裘裳：小孩子穿裘皮袄、着裙装，既不合身体需求，又不便做事活动，所以"不衣"。

③剑：指牵在身旁。

④辟咡(èr)：指转头对童子说话。诏：教，告。

【译文】

　　对幼儿要正确引导，不能说谎骗人给他做示范。儿童不穿皮裘与裙裳，站立时必须姿势端正，听人说话不歪头侧耳。长者牵着儿童行走时，儿童应该用双手捧着长者的手。长者将小孩子背在背上或领在身旁，转头侧脸跟儿童说话，小孩子要掩着口回答。

17. 从于先生，不越路而与人言。遭先生于道，趋而进，正立拱手。先生与之言则对，不与之言则趋而退。从长者而上丘陵，则必乡长者所视①。

【注释】

①乡(xiàng)：通"向"，面向。

【译文】

　　跟随先生走路时，不可自顾自跑到路对过去跟人说话。在路上遇到先生，应快步前进，对先生立正拱手。先生跟他说话就应答，不跟他说话就快步退下。跟随长者登上丘陵时，则一定要面向长者所看的方向。

18. 登城不指，城上不呼①。

【注释】

①登城不指，城上不呼：这是怕城下的人望见、听见，因不知其故而感到疑惑害怕。

【译文】

　　登城时不要指指点点，在城上时不要喊叫。

19. 将适舍，求毋固①。将上堂，声必扬。户外有二屦②，言闻则入,言不闻则不入③。将入户,视必下④。入户奉扃⑤,视瞻毋回;户开亦开,户阖亦阖;有后入者,阖而勿遂⑥。毋践屦,毋踏席⑦,抠衣趋隅⑧,必慎唯诺。

【注释】

①固:指平常固有的习惯。

②户外有二屦(jù):户外有两双鞋,指室内有两个人。旧注说,因长者的鞋可放在室内,所以也可能室内有三个人。

③言不闻则不入:指在外面听不见室内说话的声音,那么室内的人可能在密谋私事,因此不入内打搅别人。

④视必下:眼光向下,是为了避免看到他人隐私。

⑤奉扃(jiōng):双手犹如捧着门闩的样子。这里是表示恭敬之意,不是真的捧扃。扃,门闩、门杠,是关闭门户用的横木。

⑥阖而勿遂:慢慢地掩上门,但不关死,表示不拒绝后来的人。

⑦毋踏(jí)席:古人席地而坐,到席子上就位时,要从席子的后方走上坐下,不能从席子的前方走上去。如果从席子的前方走上去,就叫做"踏席"。踏,踩踏。

⑧抠(kōu):提起。

【译文】

　　将出外投宿馆舍,各种要求不能像平时在家的习惯一般。快走到堂上时,要先发出声音表示自己的来到。如果门户外放着两双鞋,听得到室内说话的声音就进去,听不到室内说话的声音就不进去。将要进室门时,眼光要朝下。进门时,双手要像捧着门闩一样恭敬地放在胸前,不回头四处张望;进入室内时,门若本来就开着,进了门也还是让它开着;门若本来就关着,进了门也还是让它关着;如果后面还有人要来,就把门慢慢掩上,不要关死。不可践踏别人的鞋子,不可从坐席前方上席,要提起衣服快步走到席的下角上席就座。谈话时,一定要小心谨慎地应对。

20. 大夫、士出入君门,由阒右①,不践阈②。

【注释】

①闑(niè)：门橛，即大门中竖立的短木。照礼制规定，进大门主人走闑右，宾客走闑左。大夫、士进门走闑右，表示以臣从君，臣统于君，不是宾。

②阈(yù)：门槛。

【译文】

大夫、士出入国君的大门，要从门橛的右侧走，不能践踏门坎。

21. 凡与客人者，每门让于客。客至于寝门，则主人请入为席，然后出迎客。客固辞，主人肃客而入①。主人入门而右，客入门而左。主人就东阶，客就西阶。客若降等，则就主人之阶。主人固辞，然后客复就西阶。主人与客让登，主人先登，客从之，拾级聚足②，连步以上。上于东阶则先右足，上于西阶则先左足。

【注释】

①肃客：指引导客人进入。肃，进。

②拾(shè)级聚足：上台阶时，前脚登一阶，后脚跟上与前脚并立。据《仪礼·燕礼》贾公彦疏，古时登阶有四法：一是"连步"，即前脚登一阶，后脚跟上与前脚并立，逐阶并脚而登；二是"栗阶"，即快速登阶，开始也是聚足连步，接着改为左右脚各登一阶；三是"历阶"，即左右脚一脚各登一阶；四是"越阶"，即左右脚跨越三级而上。

【译文】

凡主人与客人一起进门，每过一门，主人都要让客人先进。客人走到寝门口，主人先请入内铺席，然后再出来迎客。客人一再推辞后，主人就引导客人入门。主人进门后朝右走，客人进门后朝左走。主人到东阶，客人到西阶。客人身份爵级若低于主人，就跟随主人到东阶前。主人一再推辞，然后客人又回到西阶前。登台阶时，主人与客人彼此谦让，主人先登一阶，客人也随之登一阶，登阶时都是前脚登上而后脚随之并立，两脚连步相随，后脚不越过前脚。若从东阶上，则右脚在前先登；若从西阶上，则左脚在前先登。

22. 帷薄之外不趋①。堂上不趋。执玉不趋。堂上接武②。堂下布武③。室中不翔④。并坐不横肱⑤。授立不跪。授坐不立。

【注释】

①帷：布幔。薄：帘子。趋：小步快走，表示恭敬的礼节。

②接武：小步行走，左右两脚脚步接续。武，步，足迹。

③布武：指迈开步子行走，左右两脚脚步分开。

④翔：指行走时张开双臂。

⑤肱(gōng)：指胳膊。

【译文】

走到布幔、帘子外就不必小步快走了。在堂上不要小步快走。拿着玉不要小步快走。在堂上行走步子要小，脚印相续。在堂下行走迈开步子而行。在室内行走不要张开手臂。与人并坐时不要横伸手臂。交付物品给站着的人不可下跪。交付物品给坐着的人不可站立。

23. 凡为长者粪之礼①，必加帚于箕上②，以袂拘而退，其尘不及长者，以箕自乡而扱之③。奉席如桥衡④。请席何乡，请衽何趾⑤。席南乡、北乡，以西方为上；东乡、西乡，以南方为上。

【注释】

①粪：扫除，指扫除垃圾污秽。

②必加帚于箕上：把扫帚放在簸箕上须两手捧箕，是向长者表示恭敬。

③乡：通"向"。下同。扱(xī)：收取。

④桥：桔槔(gāo)。衡：指桔槔中用作杠杆的横木。据郑注，捧席时应当让席像桔槔上的横木，要左高右低。

⑤衽(rèn)：卧席。

【译文】

凡是为长者扫除之礼，一定要把扫帚放在簸箕上，扫的时候用长袖遮挡着扫帚所扫之处，边扫边后退，不要让扬起的灰尘飘向长者，把簸箕朝着自己将垃圾扫进去。捧着卷席给长者时,要像桔槔上的横木一样左高右低。为长者铺坐席,要先请示长者面朝什么方向;为长者铺卧席,要先请示长者脚朝什么方向。席如果向南或向北,则以西方为上位。如果向东或向西,则以南方为上位。

24. 若非饮食之客①,则布席,席间函丈②。主人跪正席,客跪抚席而辞。客彻重席③,主人固辞。客践席,乃坐。主人不问,客不先举。将即席,容毋怍④。两手抠衣去齐尺⑤。衣毋拨,足毋蹶⑥。

【注释】

①非饮食之客:即"讲问之客",指来讨论学问的客人。

②函:容,指席间的距离。

③彻:撤去,撤除。重席:为了表示尊敬,主人给客人铺两重坐席。

④怍(zuò):改变脸色。

⑤齐(zī):衣服的下摆。

⑥蹶(jué):急遽。

【译文】

如果不是前来饮食的客人,为客人铺坐席,席与席之间距离一丈远。主人跪下为客人摆正席子,客人要跪下按着席子辞谢。客人要撤去重席,主人坚持不许。客人上席之后,主人才坐下。主人不发问,客人就不先主动问话谈论。客人将要就座时,脸色不要有所改变。用双手提起下身衣裳,让下摆离地一尺。衣裳不要乱抖,脚步不要急促。

25. 先生书策琴瑟在前,坐而迁之①,戒勿越。虚坐尽后②,食坐尽前。坐必安,执尔颜。长者不及,毋僭言③。正尔容,听必恭。毋剿说④,毋雷同。必则古昔,称先王。侍坐于先生,先生问焉,终则对。请业则起,请益则起。父召无诺,先生召无诺,唯而起⑤。侍坐于所尊敬,毋余席。见同等不起。烛至,起。食至,起。上客,起。烛不见跋⑥。尊客之前不叱狗。让食不唾。

【注释】

①坐：跪。古人席地而坐，坐姿与跪姿没有很大差异。

②虚坐：也叫"徒坐"，即非饮食之坐。"虚坐尽后"是为了表示谦逊，"食坐尽前"则避免玷污坐席。

③毋儳(chàn)言：如长者正谈论甲事，少者不得忽然以乙事打岔搀入。

④劋(chāo)说：取人之说以为己说。

⑤诺、唯：皆应答之辞，郑注说"唯恭于诺"。"诺"是嘴上答应却未行动；"唯"是嘴上一答应，立即付诸行动。

⑥烛不见跋：不要等烛火燃尽才更换，烛火燃尽会使客人生发厌倦之心而告辞。跋，指烛火的底部。

【译文】

　　先生的书册、琴瑟陈设在前，弟子要跪着将它移开，切不可跨越。不是饮食的坐席要尽量往席后坐，饮食时的坐席就要尽量往席前坐。坐时要安稳，保持你的容色。长者还未提及的话题，不可忽然打岔先说。端正你的仪容，听话时一定要态度恭敬。不可抄袭别人的说法，也不可与别人随声附和。一定要效法古代，称扬先王贤君。在先生跟前陪坐，先生问话，要待先生说完才回答。请教问题时要起立，再次请教时也要起立。父亲召唤时不要答"诺"而不行动，先生召唤时不要答"诺"而不行动，要答"唯"后随即起身行动。在所尊敬的人跟前陪坐时，要坐在最靠近尊者的地方，不要让坐席空着位子。见到同辈时，不必起立。烛火送来时，要起立。食物送来时，要起立。贵客来到时，要起立。不要等烛火烧到底部才更换。在尊敬的客人面前，不呵叱狗。在主人劝食时，不要吐口水。

26. 侍坐于君子，君子欠伸，撰杖屦，视日蚤莫①，侍坐者请出矣。侍坐于君子，君子问更端，则起而对。侍坐于君子，若有告者曰："少间②，愿有复也。"则左右屏而待。毋侧听，毋噭应③，毋淫视④，毋怠荒。游毋倨，立毋跛⑤，坐毋箕，寝毋伏。敛发毋髢⑥，冠毋免，劳毋袒，暑毋褰裳。

【注释】

①蚤:通"早"。莫(mù):同"暮"。

②间(xián):空闲。

③嗷(jiào):声响高急。

④淫视:眼光游移不定,左顾右盼。

⑤跛:郑注:"偏任也。"指站立时身体歪斜,重心只偏于一脚。

⑥毋髢(tì):郑注云:"毋垂余如髢也。"髢(bì)是假发。这是说,不要披头散发,让长发垂下像一头假发似的。

【译文】

在君子跟前陪坐,君子打哈欠、伸懒腰时,就拿着手杖、穿着鞋子,看看天色早晚,然后陪坐者就该主动请求离开了。在君子跟前陪坐,君子问话转到另一个话题时,要起立回话。在君子跟前陪坐,如果有人来报告说:"等稍有空闲时,希望能向您报告。"左右之人就要退避到别处等待。不要歪着头、侧着耳听别人说话,回话不要大声叫喊,眼光不要游移不定,身体不要放纵懈怠。行走时态度不要傲慢,站立时身体不要倾斜,坐着时两脚不要像簸箕一样前伸张开,睡觉时不要趴着睡。头发要收束齐整,不要披头散发;戴着帽子不要随意摘下,劳动时不要袒胸露肩光膀子,天热时不要拉起裙裳。

27. 侍坐于长者,屦不上于堂,解屦不敢当阶。就屦,跪而举之,屏于侧。乡长者而屦①,跪而迁屦,俯而纳屦。

【注释】

①乡:通"向"。

【译文】

在长者跟前陪坐,鞋子不穿到堂上,脱鞋时不敢对着阶梯处。穿鞋时,先跪着拿起鞋子,再退避到一旁穿鞋。穿鞋时若面向长者,就跪着把鞋移开,然后俯身穿鞋。

28. 离坐离立①,毋往参焉。离立者,不出中间。男女不杂坐,不同椸枷②,不同巾栉,不亲授。嫂叔不通问。诸母不漱裳③。外言不入于梱④，内言不出于梱。女子许嫁，缨⑤，非有大故⑥，不入其门。姑、姊妹、女子子⑦，已嫁而反，兄弟弗与同席而坐，弗与同器而食。父子不同席。男女非有行媒，不相知名⑧；非受币⑨，不交不亲。故日月以告君，齐戒以告鬼神⑩，为酒食以召乡党僚友，以厚其别也。取妻不取同姓，故买妾不知其姓则卜之。寡妇之子，非有见焉，弗与为友⑪。

【注释】

①离坐离立：指两人并坐或并立。离，郑注云："两也。"

②椸（yí）：晾衣服的竿子。枷：通"架"，衣架。

③诸母：孔疏云："谓父之诸妾有子者。"即庶母。漱：洗涤。古人认为下身所穿的衣服较卑亵，不能让诸母洗涤，以示尊重。

④梱（kǔn）：门坎。

⑤缨：女子许婚后，系上缨带作为标志。

⑥大故：灾变或疾变。

⑦女子子：女儿。古代儿女通称为"子"，为区别儿子，就称"女子"或"女子子"。

⑧男女非有行媒，不相知名：男女之间只有通过媒人传话才相知姓名。古代婚礼六礼之一为"问名"，男方通过媒人请问女方的名字以占卜吉凶。

⑨受币：指女方接受男方的聘礼。古代婚礼六礼之一为"纳币"，又名"纳征"。

⑩齐（zhāi）：通"斋"。

⑪"寡妇"三句：是说，寡妇之子假如有奇才异行，就可以与之为友；假如此子平庸，则不与其往来。这是为了避免与寡妇往来的嫌疑。见（xiàn），同"现"，表现。

【译文】

有两人并坐并立时，不可插身到其中。见两人并立时，不从当中穿过。男女不随意混杂坐在一起，不共用衣竿衣架，不共用毛巾、梳子，不亲手递送物品。嫂嫂、小叔之间不相问候。不让庶母洗涤裙裳。男人在外的职事不带入家门讨论，家务事也不出去宣扬。女子许婚后，要系上缨带，没有特别的变故，不可进入她的闺门。若已出嫁的姑姑、姊妹、女儿返家,兄弟不与他们坐在同一张席子上,不与他们共用食器一起吃饭。父子不坐在同一张席子上。男女之间没有媒人从中引介,不会互相知道彼此的名字;女方没有接受男方的聘礼,男女双方就不交往、不亲近。因此,把结婚的日期禀告君主,斋戒后报告家庙中的神鬼,置办酒食招待同乡同事和朋友,凡此都是为了使男女之间更加慎重。娶妻不娶同姓之女,所以买妾时若不知其姓,就要占卜贞问来确定。寡妇的儿子,若非表现出众,不与他交朋友。

29. 贺取妻者,曰:"某子使某①,闻子有客,使某羞②。"贫者不以货财为礼,老者不以筋力为礼。

【注释】

①某子使某:前"某"指代贺者,后"某"指代表贺者送礼的使者。
②羞:进献。

【译文】

　　祝贺别人娶妻,要说:"某人派某前来,听说您有客人,派我来进献礼物。"贫穷人家不必以财物作为贺礼,老年人不耗费体力行礼。

30. 名子者不以国①,不以日月,不以隐疾,不以山川。

【注释】

①不以国:古人名子不以国、日月、山川,是因为凡此皆日常用语,难以避讳,因此不用。

【译文】

　　给儿子起名,不用国名,不用日月名,不用身体隐蔽之处的疾病名,不用山川名。

31. 男女异长①。男子二十,冠而字②。父前,子名;君前,臣名。女子许嫁,笄而字③。

【注释】

①男女异长:兄弟与姊妹各自排行,不相杂混。

②冠:冠冕。这里指冠礼,是男子的成人礼,要加戴冠冕。

③笄(jī):发簪。这里指笄礼,是女子的成人礼,要绾发加笄,与男子的冠礼相似。

【译文】

　　家中男女各按性别依长幼排行。男子到了二十岁,行加冠成年礼且另外取字。在父亲面前,儿子自称名;在君主面前,臣子自称名。女子许婚后,要为她绾发加笄且另外取字。

32. 凡进食之礼,左殽右胾①,食居人之左②,羹居人之右。脍炙处外,醯酱处内③,葱渫处末④,酒浆处右。以脯脩置者⑤,左朐右末⑥。客若降等,执食,兴,辞。主人兴,辞于客,然后客座。主人延客祭⑦,祭食,祭所先进,殽之序,遍祭之。三饭,主人延客食胾,然后辩殽⑧。主人未辩,客不虚口⑨。

【注释】

①殽:通"肴",带骨切块的熟肉。胾(zì):切片的纯肉。

②食(sì):饭食。

③醯(xī):醋。

④渫(xiè):蒸葱。

⑤脯脩:干肉。"脯""脩"小有不同,"脯"是条状干肉,"脩"是用姜桂等调料加工并捶捣结实的条状干肉。

⑥朐(qú):干肉中央呈弯曲状的部位。

⑦延客祭:孔疏说,客人地位不及主人,则由主人引导祭祀,其祭法是各取少许席前各种食物,放在豆器之间,表示报答古代造食之人,不忘本;若主客地位相当,则主人毋须"延客祭"。延,引导。

⑧辩:通"遍"。

⑨虚口:郑注说这是指"酳"(yìn),即食毕以酒漱口。

【译文】

　　凡进餐之礼,左边放置带骨的熟肉,右边放置切片的熟肉,饭食放在人的左边,羹汤放在人的右边。细切的肉与烤熟的肉放在外边,醋与酱放在里边,蒸葱佐料放在末端,酒与浆放在右边。若加设脯、脩两种干肉,则把干肉弯曲的部位朝左,而将干肉的末端朝向右边。客人如果地位低于主人,应该拿着饭起身,向主人辞谢说不敢当。主人也要起身,向客人推辞,然后请客人就座。进食前,主人引导客人祭祀,行食前祭礼时,要从先端上的食物开始,然后依次遍祭所有食物。客人吃过三口饭后,主人要请客人先吃纯肉,然后再逐一品尝各种食物,最后吃到带骨的熟肉。主人还没有吃遍各种食物前,客人不饮酒漱口。

33. 侍食于长者,主人亲馈①,则拜而食;主人不亲馈,则不拜而食。

【注释】

①馈(kuì):进奉食馔。

【译文】

　　陪长者吃饭,主人亲自进送食物,要拜谢后才吃;主人未亲自进送食物,就不必拜谢,自己取了吃。

34. 共食不饱①,共饭不泽手②。

【注释】

①共食:指共用食器吃饭。

②不泽手:古人直接用手抓饭吃,与人一同吃饭,手应洁净,吃饭时搓揉双手会把手弄脏,污染饭食,对共饭者不敬。

【译文】

　　与人共用食器吃饭,不求自顾吃饱;与人共用食器吃饭,不得搓揉双手。

35. 毋抟饭,毋放饭,毋流歠①,毋咤食,毋啮骨,毋反鱼肉,毋投与狗骨②,毋固获,毋扬饭,饭黍毋以箸③,毋嚃羹④,

毋絮羹⑤，毋刺齿，毋歠醢⑥。客絮羹，主人辞不能亨⑦。客歠醢，主人辞以窭⑧。濡肉齿决，干肉不齿决。毋嘬炙⑨。卒食，客自前跪，彻饭齐以授相者⑩，主人兴，辞于客，然后客坐。

【注释】

①流歠（chuò）：喝汤像流水一样长长地、不停地喝。

②毋投与狗骨：旧注认为此举有轻贱食物之意，因此不能这样做。

③饭黍毋以箸：古人原本用手抓饭吃，就要等饭稍晾凉后方得食用。用筷子吃饭则是急不可待，不愿等饭黍稍凉后再吃。

④嚃（tà）：不嚼而食。羹中有菜，不嚼菜而吞食，有贪快之嫌，吃相不好。

⑤絮羹：调理羹汤味道，指往羹里添加盐、梅等调味品。这样做令人觉得是嫌主人的食物味道不好。

⑥醢（hǎi）：蘸食用的肉酱。这样做会令人觉得是在嫌主人的酱味道太淡。

⑦亨（pēng）：同"烹"。

⑧窭（jù）：指因贫穷而不能使礼数周到、客人满意。

⑨嘬（chuài）炙：有贪婪之嫌，吃相难看。嘬，大口吞食。

⑩彻：撤掉。齐：通"齑"，调味的酱。相者：主人派以向客人进食者。

【译文】

　　不要用手把饭团成饭团来吃，不要把手里拿过不吃的饭再放回盛饭的食器中，喝汤不要长长地喝个不停，吃东西不要嘴里吃得"喀嚓喀嚓"地响，不要啃食骨头，不要把拿起的鱼肉又放回食器，不要把骨头扔给狗吃，不要一个劲地专挑某种特定的食物吃，不要迫不及待地扬去饭中的热气，不要不用筷子吃黍饭，不要不咀嚼羹汤里的菜就急忙喝下羹汤，不要往盛给自己的羹汤里再添加调味品，不要在吃饭时剔牙，不要喝调味的蘸酱。客人若为自己的羹汤调味，主人要致歉表示不善于烹煮羹汤。客人若饮调味的蘸酱，主人要致歉表示家贫以致礼不周备。吃湿软的肉可直接用牙齿咬断，吃坚硬的干肉则不宜用牙齿咬食，应用手撕开而食。吃烤肉不要一口吃下一大块。用餐完毕，客人应从席前跪起，撤下饭、酱交给相者，主人起身，不让客人自己动手撤除饭、酱，然后客人再坐下。

36. 侍饮于长者,酒进则起,拜受于尊所①;长者辞,少者反席而饮。长者举,未釂②,少者不敢饮。

【注释】

①尊:盛酒器。

②釂(jiào):喝光爵中的酒。

【译文】

　　陪长者喝酒,见长者为晚辈斟酒时就要赶紧起身,并到放置酒樽的地方向长者行拜礼后接受酒;长者对晚辈的行礼表示推辞,晚辈返回坐席而饮酒。长者举爵邀大家饮酒时,在长者没有喝光爵中酒之前,晚辈不敢喝酒。

37. 长者赐,少者、贱者不敢辞。赐果于君前,其有核者怀其核。御食于君①,君赐余,器之溉者不写②,其余皆写③。

【注释】

①御食:主人吃饭时陪在身边照料劝食。与前文的"侍食"不同,御食者只劝食却不陪同着一起吃。

②溉:洗涤。据郑注,"器之溉者"指陶器、木器等可洗涤者。写:通"泻",倾倒。

③其余:指食器中不可洗涤者,郑注认为指藤器、竹器等。放在不可洗涤的食器里的食物,之所以必须倒出来另换食器盛放,是怕玷污了国君的器具。

【译文】

　　长者有所赏赐时,晚辈或身份低下的人不敢推辞。若在国君跟前接受国君赏赐水果,吃剩的果核要藏在怀中表示尊敬。劝国君进食,国君把吃剩的食物赏给劝食者,如果食物放在可洗涤的食器中,就不必倒出来、另换别的食器盛放;如果食物放在不可洗涤的食器里,那就必须倒出来、另换别的食器盛放后,才能食用。

38. 馂余不祭①。父不祭子,夫不祭妻。

【注释】

①馂(jùn)：剩下的饭菜。又，吃剩下的饭菜也叫"馂"。祭：指食前祭。参本篇32节注⑦。

【译文】

吃剩下的饭菜，食用前不必行祭食礼。父亲吃儿子剩下的饭菜，不祭；丈夫吃妻子剩下的饭菜，不祭。

39. 御同于长者①，虽贰不辞②，偶坐不辞③。

【注释】

①御：此处的"御"指陪食。

②贰：指双重的殽膳。不辞：作为长者的陪食者，主人送双重的殽馔是为长者，陪食者不要推辞。

③偶坐不辞：作为陪客也不推辞主人的盛馔，主人设盛馔是为主客，陪客毋须推辞。

【译文】

陪侍长者受邀用餐，待遇与长者相同，虽然主人进上双份的菜殽也不推辞；作为陪客与主客并坐共食，也不推辞主人所进上的菜殽。

40. 羹之有菜者用梜①，其无菜者不用梜。

【注释】

①梜(jiā)：筷子。

【译文】

羹汤中有菜的，就用筷子吃；那些没有菜的羹汤，就不用筷子吃。

41. 为天子削瓜者副之①，巾以绤②。为国君者华之③，巾以绤④。为大夫累之⑤，士疐之⑥。庶人龁之⑦。

【注释】

①副：剖分。据郑注，切瓜要先削去瓜皮，将瓜切成四瓣，再横切一刀。

②绨(chī)：细葛布。

③华：从当中剖开，再横切一刀。

④绤(xì)：粗葛布。

⑤累：从当中剖开，不横切，不覆盖。

⑥疐(dì)：通"蒂"。指不从当中剖开，只横切一刀，去除瓜蒂而已。

⑦齕(hé)：咬嚼。指不用刀切，去除瓜蒂后就啃着吃。

【译文】

　　为天子削瓜，去皮后要切作四瓣，再从中间横切开来，以细葛布覆盖。为国君削瓜，去皮后切成两瓣，再从中间横切开来，以粗葛布覆盖。为大夫削瓜，削皮后切成两瓣而不覆巾；为士削瓜，削皮后只要横切一刀、去除瓜蒂。庶人只要去除瓜蒂就啃着吃。

42. 父母有疾，冠者不栉，行不翔①，言不惰②，琴瑟不御。食肉不至变味③，饮酒不至变貌，笑不至矧④，怒不至詈。疾止复故。有忧者侧席而坐⑤。有丧者专席而坐。

【注释】

①冠者不栉，行不翔：这是说孝子因为心中担忧父母的疾病而不顾及容颜装束，走路也不能自在轻松。

②言不惰：指说话不戏谑玩笑。

③变味：吃肉吃到口味发生变化。旧注说，吃一种食物少食则味不变，多食口味就会发生变化。

④矧(shěn)：齿龈。

⑤有忧：指因父母患病而担忧。侧：特。

【译文】

　　父母患病，儿子因担忧，以致戴帽子时无暇梳理头发，行走时也不张开双臂迈步走路，说话不戏谑玩笑，不弹奏琴瑟。吃肉不能多到口味发生改变，喝酒不能多到脸色改变，笑不能露出齿龈，怒不能怒到发火骂人。等父母病愈了，才回复平时的状态。心中有忧虑的人特置一席而坐。守丧的人单独坐在专席上。

43. 凡为君使者，已受命，君言不宿于家。君言至，则主人出拜君言之辱。使者归,则必拜送于门外。若使人于君所,则必朝服而命之。使者反,则必下堂而受命。

【译文】

　　凡被委任为国君的使者,既已接受君命,应尽快奉命行事,不能还带着君命住在家里。君命到达时,主人要出门拜谢使者,说委屈使者屈尊前来传命。使者要回去时,主人一定要送到大门外拜谢致礼。如果要派人到国君处,就一定要穿着正式的朝服委任使者。使者返回时,也一定要下堂听取使者带回的君命。

44. 博闻强识而让,敦善行而不怠,谓之君子。君子不尽人之欢,不竭人之忠,以全交也。

【译文】

　　见闻广博、记忆力强而谦让,一贯坚持做好事而不懈怠,这样的人就称之为君子。君子不强求别人全心全意的喜欢,也不强求别人尽心竭力的忠诚,这样才能使交情得以保全。

45. 礼曰:"君子抱孙不抱子①。"此言孙可以为王父尸,子不可以为父尸。为君尸者,大夫士见之,则下之。君知所以为尸者,则自下之。尸必式②,乘必以几。

【注释】

①君子抱孙不抱子:古代祭祀礼仪要用尸充当祭祀的对象,尸一般要以孙辈的男孩子担当,如果孙子年纪幼小,可以由成人抱着孙子为尸,但不得抱年幼的子为尸。

②式:通"轼"。古代车厢前有供站立乘车人扶持凭靠的横木,此处表示乘车人伏轼致敬行礼。

【译文】

　　礼书上说:"君子抱孙不抱子。"这是说孙子可以在祭祀时充当代表祖父的尸,儿子则不可以充当父亲的尸。作为国君的尸,大夫、士见到了,就要下车致敬。国君知道充当先君之尸的人,要亲自下车致敬。尸在车上必须凭轼行答谢之礼,尸登车时必须用几做踏脚。

46. 齐者不乐不吊。

【译文】

斋戒中的人为求心诚志专,不聆听音乐,也不吊唁丧家。

47. 居丧之礼,毁瘠不形,视听不衰。升降不由阼阶①,出入不当门隧。居丧之礼,头有创则沐,身有疡则浴,有疾则饮酒食肉,疾止复初。不胜丧,乃比于不慈不孝。五十不致毁。六十不毁。七十唯衰麻在身,饮酒食肉,处于内②。

【注释】

①阼阶:堂前东阶,本是主人上下堂所行,居丧时升降不由东阶,因为这是父亲过去所走的台阶,追忆思念,所以就不忍心从阼阶上下了。

②处于内:据丧礼,孝子为父母守丧时,不得住在室内,要在门外临时搭建的"倚庐"中。

【译文】

守丧之礼,要节制哀伤,不要消瘦到变形,视力、听力不要因此衰减。上下堂时不走东边的阼阶,出入时不走大门正中的道路。守丧之礼,头部有了疮才洗头,身体发痒才洗澡,有疾病了才能够喝酒吃肉,等病愈后再回到当初守丧时的状态。如果不能承受丧事的悲痛而身体崩溃,就等于是不慈不孝。五十岁守丧不要因悲痛而过度伤身。六十岁守丧,不能伤身。七十岁守丧,只要穿着丧服,可照常饮酒吃肉,并住在屋里。

48. 生,与来日;死,与往日①。

【注释】

①与:数,计算。据郑注,"生"指生者服丧日期,"来日"指人死后第二

天。"死"指死者殡殓日期,"往日"指人死当天。

【译文】

　　生者服丧,要从死者去世的第二天算起;死者的殡殓日期,要从死者去世的当天算起。

49. 知生者吊①,知死者伤②。知生而不知死,吊而不伤。知死而不知生,伤而不吊。

【注释】

①吊:慰问辞。

②伤:悼念辞。

【译文】

　　认识死者家属的,就向家属致辞慰问;认识死者的,就为死者致辞悼念。只与死者家属相识而不认识死者的,只向家属致辞慰问而不对死者致辞悼念;只与死者相识而不认识家属的,只对死者致辞悼念而不向家属致辞慰问。

50. 吊丧弗能赙①,不问其所费。问疾弗能遗②,不问其所欲。见人弗能馆,不问其所舍。赐人者不曰来取,与人者不问其所欲。适墓不登垄。助葬必执绋③。临丧不笑。揖人必违其位。望柩不歌。入临不翔。当食不叹。邻有丧,舂不相④;里有殡,不巷歌。适墓不歌。哭日不歌⑤。送丧不由径,送葬不辟涂潦⑥。临丧则必有哀色。执绋不笑,临乐不叹。介胄,则有不可犯之色。故君子戒慎,不失色于人。国君抚式⑦,大夫下之;大夫抚式,士下之。

【注释】

①赙(fù):送财物给丧家助办丧事。

②遗(wèi):馈赠。

③绋(fú):牵引棺柩车往墓穴的绳索。

④相：春米打杵时唱歌助兴。

⑤哭日：指吊唁死者的日子。

⑥潦(lǎo)：雨后积水。

⑦式：通"轼"。参本篇 45 节注②。

【译文】

　　吊丧时，若不能用财物帮助丧家办丧事，就不要问丧家花费多少。探望病人，若不能馈赠礼物，就不要问病人需要什么。看到旅人，若不能为人家安排住宿，就不要问人家住在何处。送人东西，不能说"你来拿"；送人东西，不要问人家想不想要。去墓地不要登上人家的坟头。参加葬礼一定要牵着引柩车的挽绳。参加丧礼不可面带笑容。对人作揖，一定要离开原位。望见运柩车，不要唱歌。参加丧礼，不可张开双臂迈步行走。面对食物不可叹气。邻家有丧事，春捣时不唱歌助春；同里有丧事，不在巷子里唱歌。到墓地去不唱歌。吊唁的日子不唱歌。送丧时不抄近道而走小路，送葬时不避积水的道路。参加丧礼，脸上一定要有哀戚的神情。挽着棺柩车的绳索时不要嬉笑，身在欢乐场合不要叹气。穿着铠甲、戴着头盔时，就要有凛然不可侵犯的庄严神色。所以君子要小心谨慎，不在人前失态。国君若行凭轼之礼，大夫就要下车示敬；大夫若行凭轼之礼，士就要下车示敬。

51. 礼不下庶人，刑不上大夫。刑人不在君侧。

【译文】

　　礼，不为下等的庶民定规矩；刑，不为上等的大夫定条法。受过肉刑处罚的人，不得呆在国君左右。

52. 兵车不式①。武车绥旌②，德车结旌③。

【注释】

①式：通"轼"。

②武车：即兵车，车上用兵器装饰。绥：垂舒貌。

③德车：非军用之车，指"玉路(辂)"、"金路(辂)"、"象路(辂)"、"木路(辂)"等分别以玉饰、金饰、象牙饰及漆木制的车子，与用兵器装饰

的"武车"对言。

【译文】

在兵车上，不行轼礼。武车上的旌旗要任其舒展，德车上的旌旗则要收束起来。

53. 史载笔，士载言①。

【注释】

①史载笔，士载言：这是指国君与诸侯举行会同时，史、士随同前往。史，即史官，负责记录君事；士，即司盟之士，负责盟会事务。

【译文】

史官带着书写工具，士带着会盟资料。

54. 前有水，则载青旌①。前有尘埃，则载鸣鸢②。前有车骑，则载飞鸿③。前有士师，则载虎皮。前有挚兽④，则载貔貅⑤。行⑥，前朱鸟而后玄武，左青龙而右白虎，招摇在上⑦，急缮其怒⑧。进退有度，左右有局，各司其局。

【注释】

①载：指在车上竖起旗帜为后面的队伍报告前方道路上的情况，以使后队警备。青：青雀，一种水鸟。

②鸢（yuān）：老鹰。据说，鸢鸣则风生，风生则尘埃起，因此前有尘埃，则载画有鸣鸢的旌旗。

③鸿：大雁。

④挚：通"鸷"，凶猛狠戾。

⑤貔貅（píxiū）：古代猛兽名。

⑥行：行军。此下几句说行军之法。古人行军作战迷信天文星象，这里是说行军时应前方为朱鸟（又名朱雀），后方为玄武（龟），左方为青龙，右方为白虎。朱鸟、玄武、青龙、白虎为二十八宿之南、北、东、西四方的星宿。或说朱鸟、玄武、青龙、白虎为四方军阵，要分别使用绘四兽之旗。

⑦招摇:北斗七星中位于勺端的一星,此处指北斗星。这是说北斗星
　应在行军队伍的上方。或说军阵上方要高举绘有北斗的旌旗。

⑧急:坚挺。缮:强劲。怒:指士气高昂。

【译文】

　　行军时,前方若有水,前导车就挂起画有青雀的旗帜。前方若有
尘土,就挂起画有鸣鸢的旗帜。前方若有车马,就挂起画有飞雁的旗
帜。前方若有军队,就挂起老虎皮。前方若有猛兽,就挂起貔貅皮。
行军时,前应南方朱鸟七宿,后应北方玄武七宿,左应东方青龙七宿,
右应西方白虎七宿,上方是北斗七星,令兵将士气高昂威猛强健。进
退有节度,左右有布局,将士各司其职。

55. 父之雠①,弗与共戴天;兄弟之雠,不反兵②;交游之雠,不同国。

【注释】

①父之雠:据旧注,特指杀父之仇。下文"兄弟之雠"、"交游之雠"也特
　指杀害兄弟与朋友的仇家。

②不反兵:谓随身携带武器,遇仇人即可杀之,不必返家拿武器。反,
　同"返"。兵,指武器。

【译文】

　　杀害父亲的仇人,不能与他共处于同一天地间;杀害兄弟的仇
人,要随时携带兵器以备报仇;杀害朋友的仇人,不与他共处于同一
国家。

56. 四郊多垒①,此卿大夫之辱也。地广大,荒而不治,此亦士之辱也。

【注释】

①多垒:由于常受敌寇侵伐,因此多军垒。垒,军事壁垒。

【译文】

　　国都四郊有很多堡垒,说明常受侵略,国家屡弱,这是卿大夫的耻

辱。国土虽然广大,却荒废而没有得到开发,这也是管理乡邑的士的耻辱。

57. 临祭不惰。祭服敝则焚之,祭器敝则埋之,龟筴敝则埋之①,牲死则埋之。凡祭于公者②,必自彻其俎③。

【注释】

①筴(cè):同"策",指占筮用的蓍草。古代卜筮,卜用龟甲,筮用蓍草。

②祭于公者:指士带着祭品到宗庙去助国君祭祀。

③俎(zǔ):祭祀或宴会时盛放牲肉的礼器。

【译文】

参加祭祀时,不可惰怠。祭服穿坏了就烧掉,祭器用坏了就埋掉,卜筮用的龟甲、蓍草坏了就埋掉,祭祀用的牲畜死了就埋掉。凡拿着祭品到国君的宗庙去助祭,祭后一定要自行撤除祭品牲俎。

58. 卒哭乃讳①。礼:不讳嫌名②。二名不遍讳。逮事父母,则讳王父母。不逮事父母,则不讳王父母。君所无私讳,大夫之所有公讳。《诗》、《书》不讳,临文不讳,庙中不讳。夫人之讳,虽质君之前③,臣不讳也。妇讳不出门。大功、小功不讳④。入竟而问禁,入国而问俗,入门而问讳。

【注释】

①卒哭:丧礼的祭名之一,在死者安葬后的"三虞"之祭后举行。丧礼规定,孝子丧亲因哀痛朝夕之间随时都会哭起来,从此祭起不再随时号哭,只在早晚哭。讳:避讳。古人对活着的人是不避名讳的,人死后在卒哭祭前仍按生者对待,卒哭祭后神灵迁庙,要以神鬼事之,故卒哭祭后要避讳。

②嫌名:指声音相近的名,如禹与雨、丘与区。

③质:对。

④大功:丧服五服之一,着布衰裳、牡麻绖、冠布缨、布带、绳屦,服丧期九个月,适用于堂兄弟、已嫁的姑母、姊妹、女儿,未嫁的堂姊妹及孙

女,嫡长孙之外的众孙等,此外已嫁女为兄弟,已嫁未嫁之女为伯叔父母、姑母等也服大功之服。小功:丧服五服之一,着布衰裳、澡麻带、绖、冠布缨、布屦无绚,服丧期五个月,适用于为伯叔祖父母、堂伯叔祖父母、堂伯叔祖兄弟、未嫁堂祖姑姐妹,已嫁堂姊妹及孙女等,此外,妻为妯娌、夫之姑母等,也服小功。

【译文】

　　丧礼举行过卒哭祭礼之后才避说死者的名讳。按礼仪规定:不避讳同音的名字。二字的名不必同时都避讳。得以侍奉父母的,就要避称祖父母之名。没能赶得及侍奉父母的,就不必避称祖父母之名。为了表示尊君,在国君跟前不避个人的家讳,在大夫跟前则要避国君之名讳。诵读《诗》《书》时不必避讳,写文章时不必避讳,在宗庙中祝告时不必避讳。国君夫人的家讳,臣子虽然当着国君的面也不必避讳。妇人之名只在宫门内避讳。服大功、小功之丧的人可以不避死者的名讳。进入别国国境要问清当地的禁忌,到了别国要问明当地的风俗,到了别人家要问问人家有什么忌讳。

　　59. 外事以刚日①,内事以柔日②。凡卜筮日,旬之外曰远某日,旬之内曰近某日。丧事先远日,吉事先近日③。曰:"为日,假尔泰龟有常④。""假尔泰筮有常。"卜筮不过三。卜筮不相袭⑤。

【注释】

①外事:指郊外之事,如用兵、郊祭、田猎等事。刚日:古代以十天干记日,十日中有五奇五偶,奇数日为刚日。

②内事:指郊内之事,如宗庙祭祀之事等。柔日:参上注,偶数日为柔日。

③吉事:如祭祀、冠礼、婚礼等。

④泰:大。

⑤卜筮不相袭:不能反复多次使用龟卜、蓍草占问,这样做有亵渎神明之嫌。郑注说:"卜不吉则又筮,筮不吉则又卜,是渎龟筮也。"

【译文】

　　外事要在奇数日进行,内事要在偶数日进行。凡以卜筮来选定日期,若在一旬之外的某天就称为"远某日",若在一旬之内的某天就称为"近某日"。办丧事要先卜问远日,办吉事要先卜问近日。卜筮时要说:"为选择良辰吉日,要借你这恒常灵验的大龟来占卜。"或说:"要借由你这恒常灵验的大蓍来占卜。"无论以龟甲占卜或以蓍草占问,都不能超过三次。占问同一件事,卜与筮不能交替反复使用。

60. 龟为卜,筴为筮。卜筮者,先圣王之所以使民信时日、敬鬼神、畏法令也;所以使民决嫌疑、定犹与也①。故曰:"疑而筮之,则弗非也;日而行事,则必践之②。"

【注释】

①犹与:犹豫,游疑。

②践:善。

【译文】

以龟甲占问叫作"卜",以蓍草占问叫作"筮"。卜与筮,是前代圣王用来使人民信服所选定的日期、崇敬所祭祀的鬼神、畏惧所制定的法令的;用来让人民判断嫌疑、确定犹豫不决的事情的。因此说:"有疑问而卜筮,则不会再有非议;依选定时日而行事,就会有好结果。"

61. 客车不入大门。妇人不立乘。犬马不上于堂。

【译文】

客人的车不驶入主人家的大门。妇人乘车时不站立。赠人犬马时不牵到堂上。

62. 故君子式黄发①,下卿位②,入国不驰,入里必式。君命召,虽贱人,大夫士必自御之③。介者不拜,为其拜而蓌拜④。祥车旷左⑤。乘君之乘车不敢旷左⑥,左必式⑦。仆御妇人,则进左手,后右手。御国君,则进右手,后左手而俯。国君不乘奇车⑧。车上不广欬⑨,不妄指。立视五巂⑩,式视马尾,顾不过毂⑪。国中以策彗恤勿驱⑫。尘不出轨。国君下齐牛,式宗庙⑬。大夫士下公门,式路马⑭。乘路马,必朝服载鞭策,不敢授绥,左必式。步路马,必中道。以足蹙路马刍,有诛。齿路马,有诛。

【注释】

①君子:指国君。式:通"轼"。参本篇45节注②。黄发:高龄老人。古人说,初老为白发,太老为黄发。

②卿位:卿的朝位。

③御:迎也。

④蹙(cuò):挫,指行拜礼时失态。因身着铠甲时,铠甲坚硬笨重妨碍行礼,一定要行拜礼反而会失去常态,仪容不雅,显得没礼貌。

⑤祥车:死者平时所乘车子,下葬时作为随葬品,称为魂车。旷左:御者坐在右边,而把左边的位子空出来,供死者的神魂乘坐。

⑥乘君之乘车不敢旷左:君王有五路(辂),出行时君王自乘一辆,其余四辆都供给随行大臣乘坐,大臣乘坐这种车不敢把左边的座位空出来,因为祥车才旷左,而今君王健在,所以不敢旷左。

⑦左必式:大臣乘坐君王的乘车,不能不处车左,但又不敢安然居于尊位,因此虽居于车左,却必须凭轼为礼。式,通"轼"。

⑧奇(jī)车:奇邪不正之车。

⑨广:大。欬(kài):同"咳"。

⑩嶲(guī):规,指一轮转一圈的长度。据旧注,五嶲约九十九尺,约合今二十三米左右。

⑪毂(gǔ):车轮中心部位,外接车辐内受车轴。

⑫策彗:带叶的竹帚。恤勿驱:不用鞭策抽打马匹,而是轻轻地搔摩马匹,不让它奔跑。

⑬下齐牛,式宗庙:此句据《周礼·夏官·司马》郑玄注引《曲礼》当作"下宗庙,式齐牛"。齐,通"斋"。

⑭路马:专驾国君车乘的马。

【译文】

所以国君乘车遇到老年人就要凭轼行礼,经过卿的朝位时要下车,进入国都时不快马奔驰,进入里巷要凭轼致敬。若国君传命召唤,即使是地位低贱的人，大夫、士也要亲自迎接。穿着铠甲的人不行跪拜礼，因为穿着笨重的铠甲行礼会因举止不便、动作失调显得失礼。随葬的祥车要把左边的座位空下。臣子乘国君的车不敢将左位空着，在车子左位就一定要俯身凭轼以表示谦逊不敢自大。驭手为妇人驾车，驭手坐在中央，妇人在左，为避嫌起见，驭手左手在前操控缰绳，右手在后，稍侧身背对妇人。为国君驾车，驭手居中，右手在前，左手在后，并稍微俯身以示敬意。国君不乘奇邪不正的车。在车上不大声咳嗽，不随便指画以免让人疑惑。站着乘车，向前看时只能看轮转五周的距离；凭轼示敬时，眼光要落在马尾上；回头看时，眼光不得超过车轴两端。在国都之中行车，用竹帚搔摩马身，不让马奔驰。尘土不自车辙中飞扬出来。国君行经宗庙要下车，见到祭祀用的牛牲要凭轼行礼。大夫、士经过国君宫门，一定要下车；遇上国君专用的马，要凭轼行礼。乘坐国君专用的马车，一定要穿着朝服，马鞭只能放在车上不能使用，不敢让驾车者向自己递送登车挽绳，在车子左边的位置时一定要俯身凭轼表示谦逊。牵着国君的马行走，一定要走道路的中间。以脚践踏路马所需的草料，要受罚。掰开马口以探看路马的年纪，要受罚。

曲礼下

【题解】

关于"曲礼"的内容,请参见上篇"题解"。

本篇《曲礼下第二》,选释 31 小节。

1. 君使士射,不能,则辞以疾,言曰:"某有负薪之忧①。"

【注释】

①负薪:背柴。这是一种委婉的说法。

【译文】

　　国君让士参加射箭,士如果不会射,就以自己有病来推托,说:"我有背柴落下的伤病。"

2. 侍于君子,不顾望而对,非礼也。

【译文】

　　陪在君子身边,君子发问时,不先四下里看看有没有胜过自己的人而贸然张口就答,这是不合礼仪的。

3. 君子已孤不更名,已孤暴贵,不为父作谥。

【译文】

　　君子在父亲去世之后就不再更改名字,父亲去世后即使自己猛然发达显贵了,也不为亡父再拟定谥号。

4. 居丧未葬,读丧礼①;既葬读祭礼②;丧复常,读乐章。

居丧不言乐，祭事不言凶，公庭不言妇女。

【注释】

①丧礼：指人死后、下葬前各种有关的丧礼，如朝夕奠哭、殡葬等。

②祭礼：指下葬后、除服前各种有关的祭礼，如虞、卒哭、袝、小祥、大祥等。

【译文】

守丧，未下葬时，要研读有关丧礼的内容；下葬后，要研读有关祭礼的内容；除丧服恢复日常生活后，才研读诗歌乐章。守丧时不谈诗乐之事，祭祀时不谈凶事，办理公务的场所不谈妇女之事。

5. 公事不私议。

【译文】

公事不在私下议论商量。

6. 君子将营宫室。宗庙为先，厩库为次，居室为后。凡家造①，祭器为先，牺赋为次②，养器为后③。无田禄者不设祭器，有田禄者先为祭服④。君子虽贫，不粥祭器⑤；虽寒，不衣祭服。为宫室，不斩于丘木⑥。

【注释】

①家造：谓大夫置办家中各种器物与用品。家，大夫称家。

②牺赋：大夫有采地，可向人民征收祭祀用的牺牲作为赋税。

③养器：指供养生活的实用器具。

④先为祭服：先制作祭服。之所以不先为祭器而先为祭服的缘故，据郑注，乃因祭器尚可借用，而祭服是自身所穿，应该自己拥有才是。

⑤粥（yù）：同"鬻"，卖。

⑥丘：坟丘。

【译文】

君子即将营造宫室时，首先建造宗庙，其次是马厩仓库，最后才是生活起居之室。凡大夫之家制作器物用具，首先作祭祀用器，其次征收祭祀用牲，最后才是制造生活用具。没有田地俸禄收入的人不置办祭器，有田地俸禄收入的人要先制作祭服。君子即使贫穷，也不卖祭器；即使寒冷，也不穿祭服。建造宫室，不砍伐坟地的树木。

7. 大夫、士去国，祭器不逾竟①。大夫寓祭器于大夫②，士寓祭器于士。大夫去国，逾竟，为坛位，乡国而哭，素衣，素裳，素冠，彻缘③，鞮屦④，素簚⑤，乘髦马，不蚤鬋⑥，不祭食，不说人以无罪⑦，妇人不当御⑧，三月而复服。

【注释】

①竟：通“境”。

②寓祭器：寄放祭器。孙希旦《礼记集解》认为离开家国的大夫、士必须寄放祭器，原因有三：一别人可用；二使祭器得保存而不致朽坏；三是自己返回家国时可取回再用。

③彻缘：除去衣服的彩边。祭服或朝服内的中衣（里衣），或饰有彩边，这里讲的是出亡，是凶事，因此去除彩缘而穿纯素。

④鞮(dī)屦：指鞋面没有配件与装饰的草鞋。

⑤素簚(mì)：用白狗皮制成的车轼上的覆盖物。素，指白狗皮。簚，车轼上的覆盖物。

⑥蚤：通“爪”，指手脚的指甲。鬋(jiǎn)：同“剪”，剔去须发。

⑦不说人以无罪：不向人诉说自己无罪。据孔疏，这是说大夫、士所以会离开家国，是因再三劝谏国君而不被采纳（参本篇20节），若在异国向他人辩解说自己无罪，则有归咎国君之嫌。

⑧御：同房，行房。

【译文】

大夫、士离国，自家的祭器不可带着出境。大夫将祭器寄存在大夫家，士将祭器寄存在士家。大夫离国，越过边境，设置祭坛，面向祖国而哭，穿戴素色的上衣、下裳、帽子，除去中衣的彩色镶边，穿着没有装饰的草鞋，所乘之车的车轼上覆盖白狗皮，乘坐不剔鬃毛的马，不剪手脚指甲、不剔须发，饮食前不行祭食礼，不向人辩解说自己无罪，不与妇人行房，三个月之后才恢复正常生活。

8. 国君春田不围泽，大夫不掩群，士不取麛卵①。

【注释】

①麛(mí)：幼鹿。卵：鸟蛋。

【译文】

　　春天，国君打猎不合围动物生长的湖泽山林，大夫打猎不包围成群的野兽，士不捕捉幼鹿、不到鸟巢掏鸟蛋。

9. 岁凶，年谷不登①，君膳不祭肺②，马不食谷，驰道不除③，祭事不县④。大夫不食粱，士饮酒不乐。

【注释】

①登：成也。

②祭肺：据郑注，古人用牺牲进行食前礼，殷人用肝，周人用肺。这里说"不祭肺"，指不杀牲。

③驰道：国君驰走车马的专用道路。除：修治，维护。

④县(xuán)：同"悬"，指乐悬，悬挂钟、磬等乐器。

【译文】

　　遭逢水旱灾害的年岁，禾谷歉收，国君用餐时不杀牲取肺做祭奠，马匹不吃谷物，驰道不加以修治，举办祭祀活动不用钟、磬等乐器伴奏。大夫不吃稻粱米饭，士宴会饮酒不奏乐。

10. 君无故玉不去身。大夫无故不彻县。士无故不彻琴瑟。

【译文】

　　国君没有特别原因时，不让佩玉离身。大夫没有特别原因时，不撤除家中悬挂的钟磬。士没有特别原因时，不撤除屋内摆设的琴瑟。

11. 国君死社稷，大夫死众①，士死制②。

【注释】

①众：指大夫所统率的国君的军队。

②制：指士所遵行的国君所定的教令与法制。

【译文】

　　国君为社稷而死，大夫为率众统军而死，士为遵行国君的教令而死。

12. 君天下，曰天子。朝诸侯、分职、授政、任功，曰予一人。践阼①，临祭祀，内事曰孝王某，外事曰嗣王某②。临诸侯，畛于鬼神③，曰有天王某甫④。崩，曰天王崩。复⑤，曰天子复矣。告丧，曰天王登假⑥。措之庙⑦，立之主，曰帝。天子未除丧，曰予小子。生名之，死亦名之⑧。

【注释】

①践阼：登上阼阶，以就天子之位。阼，堂前东阶，一般是主人所走。天子为天下之主，升堂当然走阼阶。参《曲礼上》47节注①。

②内事、外事：参《曲礼上》59节注①、②。某：代称天子之名。

③畛(zhěn)：致。这里是说对鬼神致告辞。

④甫：通"父"，古代男子的美称。

⑤复：人始死时，招唤死者魂魄回到躯体的礼仪。

⑥登假(xiá)：犹升天。假，通"遐"，遥远。

⑦措之庙：据丧礼，天子下葬后，卒哭礼毕，将神主安置于宗庙。措，安置。

⑧生名之，死亦名之：据郑注，守丧期间，嗣王无论生死，都称为"小子王某"。某，即嗣王的名。

【译文】

　　君临天下的，称为"天子"。天子朝会诸侯、分派职务、授予政事、委任工作时，自称"予一人"。天子上阼阶登王位，主持祭祀，若是宗庙祭祖就称为"孝王某"，若是郊祀天地神祇就称为"嗣王某"。天子视察诸侯国，向当地鬼神致祭祝告时，称"有天王某甫"。天子去世，称"天王崩"。为天子招魂，称"天子复矣"。为天子发讣告，称"天王登遐"。

安置天子灵位于宗庙,为他树立木主,称"帝"。继位天子守丧而尚未除丧时,称"予小子"。继位天子守丧时,称为"小子王某";守丧期间死亡,也称为"小子王某"。

13. 天子有后,有夫人,有世妇,有嫔①,有妻,有妾。

【注释】

①嫔(pín):帝王侍妾。

【译文】

天子内宫有后,有夫人,有世妇,有嫔,有妻,有妾。

14. 天子建天官①,先六大②,曰大宰、大宗、大史、大祝、大士、大卜,典司六典。天子之五官,曰司徒、司马、司空、司士、司寇,典司五众。天子之六府③,曰司土、司木、司水、司草、司器、司货,典司六职。天子之六工,曰土工、金工、石工、木工、兽工、草工,典制六材。

【注释】

①天官:郑注说,此盖殷时制也。孙希旦《礼记集解》引吕大临说,谓殷人尊神,率民以事神,太宗以下,皆事鬼神、奉天时之官,故总谓之天官。周制则不同,以太宰为天官,太宗曰宗伯,与太史、太祝、太士、太卜等皆为春官。

②大(tài):同"太"。下同。

③六府:主管收藏六种税赋物品的府库。

【译文】

天子建立天官,先设立六个太官,分别是太宰、太宗、太史、太祝、太士、太卜,掌管六种典章法制。天子设立的五官,分别是司徒、司马、司空、司士、司寇,掌管所属五类属吏。天子设立的六府,分别是司土、司木、司水、司草、司器、司货,掌管收藏六种税赋的职务。天子设立的六工,分别是土工、金工、石工、木工、兽工、草工,掌管六种材料及制作。

15. 五官致贡曰享。五官之长曰伯,是职方。其摈于天子也^①,曰天子之吏。天子同姓谓之伯父,异姓谓之伯舅。自称于诸侯,曰天子之老,于外曰公,于其国曰君。九州之长入天子之国曰牧^②。天子同姓谓之叔父,异姓谓之叔舅,于外曰侯,于其国曰君。其在东夷、北狄、西戎、南蛮,虽大曰子。于内自称曰不穀^③,于外自称曰王老。庶方小侯^④,入天子之国曰某人,于外曰子,自称曰孤。

【注释】

①摈(bìn):或本作"傧",天子身边负责上传下达、接待来宾及司掌礼仪的人。

②牧:据陈澔《礼记集说》,天下分为九州,天子在每州选择众诸侯的贤者一人,主管州内事务,因有牧养下民之义,所以称为"牧"。

③不穀:不善,谦称。穀,善。

④庶:众。

【译文】

公、侯、伯、子、男五官向天子报告功绩、进贡献纳叫作"享"。五官之长叫作"伯",执掌一方的事务。他担任天子傧相时,自称为"天子之吏"。"伯"若与天子同姓,天子就称之为"伯父",异姓就称之为"伯舅"。"伯"对其他诸侯自称"天子之老",在封国之外称"公",在封国之内称"君"。九州的首领进入王畿内,称为"牧"。"牧"若与天子同姓,天子就称之为"叔父",异姓就称之为"叔舅",在封国之外称"侯",在封国之内称"君"。那些东夷、北狄、西戎、南蛮的首领,领土虽大,仍称为"子"。这些"子"在国内自称"不穀",在国外自称"王老"。其他各方众多小侯,进入天子畿内自称为"某人",在国外称"子",自称"孤"。

16. 天子当依而立^①,诸侯北面而见天子曰觐^②。天子当宁而立^③,诸公东面,诸侯西面,曰朝^④。

【注释】

①依:或作"宸"(yǐ),屏风。通常设置在户牖之间,绘有斧纹,故又名斧依(宸)。

②觐:诸侯在秋季朝见天子称作觐。

③当宁(zhù)而立:据孔疏,天子在路门外正对屏风的地方站立,等候诸侯来朝见。宁,门与屏风之间,是天子、诸侯国君视朝之处。

④朝:朝见天子之礼。这里说的是行朝礼时天子、诸公、诸侯各自的位置。

【译文】

天子南向,站在斧依前,诸侯朝北面见天子叫作"觐"。天子站在宁的地方,诸公站在天子西边面朝东,诸侯站在天子东边面朝西,叫作"朝"。

17. 诸侯未及期相见曰遇,相见于邻地曰会①。诸侯使大夫问于诸侯曰聘,约信曰誓,莅牲曰盟②。

【注释】

①邻(xì)地:指两国交界处。邻,通"隙"。

②莅牲:结盟者杀牲,取牲血涂口以示诚信,即歃(shà)血为盟。

【译文】

诸侯在非约定之时相见叫作"遇",在约定之时相见于两国交界之间叫作"会"。诸侯派遣大夫访问其他诸侯叫作"聘",相约彼此信守某些条约叫作"誓",杀牲歃血保证承诺叫作"盟"。

18. 诸侯见天子曰臣某侯某①,其与民言自称曰寡人。其在凶服,曰适子孤②。临祭祀,内事曰孝子某侯某,外事曰曾孙某侯某。死曰薨,复曰某甫复矣。既葬,见天子曰类见③。言谥曰类④。诸侯使人使于诸侯,使者自称曰寡君之老。

【注释】

①臣某侯某：诸侯向天子的自称，前"某"代称国名，后"某"代称诸侯名。下同。

②適(dí)：同"嫡"。依孔疏，此记文不足，"孤"后应有"某"字，代称名。

③类见：依孔疏，守丧之继位诸侯必须三年除丧后方能面见天子，受命袭爵，在守丧期间若谒见天子，则不敢执正式之礼，只能是类似诸侯谒见天子之礼，因此称为"类见"。

④类：谥号反映当事人的生平德行，故曰"类"。

【译文】

诸侯拜见天子时称"臣某侯某"，诸侯与臣民对话时自称"寡人"。诸侯在服丧期间称"嫡子孤某"。诸侯主持祭祀，宗庙祭祀自称"孝子某侯某"，郊祭天地神祇时自称"曾孙某侯某"。诸侯死称"薨"，招魂时称"某甫复矣"。下葬后未除丧前，继位诸侯见天子称"类见"。向天子请赐谥号叫作"类"。诸侯派人出使于其他诸侯国，使者自称为"寡君之老"。

19. 天子之妃曰后，诸侯曰夫人，大夫曰孺人，士曰妇人，庶人曰妻。公侯有夫人，有世妇，有妻，有妾。夫人自称于天子曰老妇；自称于诸侯曰寡小君；自称于其君曰小童①。自世妇以下自称曰婢子。子于父母则自名也。列国之大夫，入天子之国曰某士；自称曰陪臣某。于外曰子，于其国曰寡君之老。使者自称曰某。

【注释】

①小童：这是一种谦称，说自己未成年，很无知。

【译文】

天子的配偶称"后"，诸侯的配偶称"夫人"，大夫的配偶称"孺人"，士的配偶称"妇人"，庶人的配偶称"妻"。公、侯都有夫人、有世妇、有妻、有妾。公侯的夫人对天子自称"老妇"；在其他诸侯前自称"寡小君"；在自己国君前自称"小童"。从世妇以下都自称"婢子"。子女向父母自称名。各诸侯国的大夫进入天子畿内时称"某士"；自称"陪臣

某"。在他国被称为"子",在本国被称为"寡君之老"。使者对他国自
称"某"。

20. 为人臣之礼,不显谏,三谏而不听,则逃之。子之事
亲也,三谏而不听,则号泣而随之。

【译文】

　　为人臣的礼,不明言国君的过错进行劝谏,若再三劝谏而君不听,
就去职逃离他。儿子侍奉父亲,再三劝谏而父亲不听,号哭着跟随
着他。

21. 君有疾,饮药,臣先尝之。亲有疾,饮药,子先尝之。
医不三世,不服其药。

【译文】

　　国君有病,服药时,臣要先尝药。双亲有病,服药时,儿子要先尝
药。行医假如不是前后相传三代,不敢服用他开出的药。

22. 天子祭天地,祭四方^①,祭山川,祭五祀^②,岁遍。诸
侯方祀^③,祭山川,祭五祀,岁遍。大夫祭五祀,岁遍。士祭
其先。

【注释】

①祭四方:指以望祭形式在国都四郊祭祀四方、五岳、四镇(山)、四渎
　　(河)等方位、山川之神。
②五祀:指在五个时段分别祭祀五种神,即春祭户、夏祭灶、季夏祭中
　　霤、秋祭门、冬祭行。
③方祀:祭祀该国所在之方。据陈澔《礼记集说》,诸侯之国,各居一
　　方,诸侯只能祭其国所居之方,不祭其他方位。

【译文】

　　天子祭天地之神,祭四方之神,祭山川之神,祭户、灶、中霤、门、行

五神,一年之内祭遍。诸侯祭国家所在之方,祭山川之神,祭户、灶、中雷、门、行五神,一年之内祭遍。大夫祭户、灶、中雷、门、行五神,一年之内祭遍。士祭其祖先。

23. 凡祭,有其废之莫敢举也,有其举之莫敢废也。非其所祭而祭之,名曰淫祀①。淫祀无福。

【注释】

①淫:过度,过甚。

【译文】

凡祭祀,有已经废止的就不敢再举行,有已经举行的就不敢再废止。不是自己所该祭的却去祭祀,就叫作"淫祀"。淫祀不会带来福佑。

24. 天子以牺牛,诸侯以肥牛①,大夫以索牛②,士以羊豕。

【注释】

①肥牛:指在屋内喂养三个月以上的牛。

②索牛:临时挑选求得的牛,有别于特地喂养的牛。

【译文】

天子祭祀用专门喂养的纯毛色牛,诸侯用特别喂养的肥牛,大夫用临时寻找挑选的牛,士用羊和猪。

25. 支子不祭①,祭必告于宗子。

【注释】

①支子:指嫡长子以外的诸子,含嫡子与庶子。

【译文】

支子不主持宗庙祭祀,支子若有必要祭祀,要事先禀报嫡长子。

26. 凡祭宗庙之礼，牛曰一元大武①，豕曰刚鬣②，豚曰腯肥③，羊曰柔毛④，鸡曰翰音⑤，犬曰羹献⑥，雉曰疏趾⑦，兔曰明视⑧，脯曰尹祭⑨，槀鱼曰商祭⑩，鲜鱼曰脡祭⑪，水曰清涤⑫，酒曰清酌⑬，黍曰芗合⑭，粱曰芗萁⑮，稷曰明粢⑯，稻曰嘉蔬⑰，韭曰丰本⑱，盐曰咸鹾⑲，玉曰嘉玉，币曰量币⑳。

【注释】

①一元大武：依孔疏，牛若肥，则足迹大，故"一元大武"犹言一头肥牛。元，头。武，足迹。以下各种祭牲得名，孔疏多依其特征解释。

②刚鬣(liè)：猪肥大则毛鬣刚硬。

③腯(tú)：肥。

④柔毛：羊肥则毛细而柔弱。

⑤翰音：鸡肥则其鸣声长。翰，长。

⑥羹献：人将所吃剩的羹给犬，犬食之而肥，可以献祭于鬼神，故曰"羹献"。

⑦疏趾：雉肥则两足张开，足趾相距疏远。

⑧明视：兔肥则双目张开而目光清明。

⑨尹祭：指切割方正的干肉。尹，正。祭，古文字本象以手持肉进行祭祀。

⑩槀：干。商祭：用干鱼祭祀，要估量其燥湿程度。商，商量。

⑪脡(tǐng)祭：祭祀用鲜鱼，鱼熟则脡直，若是不鲜之鱼则会碎而不直。脡，直也。

⑫清涤：古代祭祀，以水代酒，又名"玄酒"，以其清澈洁净，故名"清涤"。

⑬清酌：指其清澈可斟酒而饮。

⑭芗(xiāng)合：黍味香而性黏，故曰"香合"。芗，通"香"。

⑮芗萁：粱气息香而茎高大。萁，茎。

⑯明粢(zī)：洁白的稷米。

⑰嘉：美。蔬：通"稰"，精米。《庄子·天道》"余疏"，《释文》引司马云："疏读曰稰。"

⑱丰本：韭菜之美在根部。本，根。

⑲鹾(cuó)：郑注："大咸曰鹾。"

⑳量币：指帛的长短广狭合于制度。币，帛。

【译文】

凡祭祀宗庙所用的礼物，其称呼如下：牛称"一元大武"，猪称"刚鬣"，小猪称"腯肥"，羊称"柔毛"，鸡称"翰音"，犬称"羹献"，雉称"疏趾"，兔称"明视"，干肉称"尹祭"，干鱼称"商祭"，鲜鱼称"脡祭"，水称"清涤"，酒称"清酌"，黍称"芗合"，粱称"芗萁"，稷称"明粢"，稻称"嘉蔬"，韭称"丰本"，盐称"咸鹾"，玉称"嘉玉"，币称"量币"。

27. 天子死曰崩，诸侯死曰薨，大夫死曰卒，士曰不禄，庶人曰死。在床曰尸，在棺曰柩。羽鸟曰降，四足曰渍。死寇曰兵①。祭王父曰皇祖考，王母曰皇祖妣。父曰皇考，母曰皇妣，夫曰皇辟。生曰父、曰母、曰妻；死曰考、曰妣、曰嫔②。寿考曰卒，短折曰不禄。

【注释】

①死寇曰兵：指被寇贼所杀者，称为"兵"。

②嫔(pín)：据《周礼·天官·大宰》"嫔妇"郑玄注，嫔是妇人的美称，本为生称，此处特指已死妇女。

【译文】

天子死称"崩"，诸侯死称"薨"，大夫死称"卒"，士死称"不禄"，庶人死就称"死"。死者放在床上的称"尸"，放在棺内的称"柩"。飞鸟死称"降"，四足之兽死称"渍"。被敌寇杀死的称"兵"。祭祀祖父称"皇祖考"，祭祀祖母称"皇祖妣"。祭祀父亲称"皇考"，祭祀母亲称"皇妣"，祭祀丈夫称"皇辟"。在世时，称"父"、称"母"、称"妻"；死后称父为"考"、称母为"妣"、称妻为"嫔"。长寿而老死的称"卒"，短命夭折而死的称"不禄"。

28. 天子视不上于袷①，不下于带；国君绥视②；大夫衡视③；士视五步④。凡视，上于面则敖⑤，下于带则忧，倾则奸。

【注释】

①袷(jié)：衣领交叠的地方。

②绥（tuǒ）视：正常的视线为平视，绥视视线稍偏下，即在脸部与"袷"之间。绥，下垂，下落。

③衡视：看大夫时，可平视对方脸部，视线比看国君略高。衡，平。

④视五步：看士时，视线不只可以平视，还可以在五步范围之内移动。

⑤敖：同"傲"。

【译文】

　　面对天子，视线上不高于交叠着的衣领，下不低于腰带；面对国君，视线稍低于脸部以下；面对大夫，可以平视他的脸部；面对士，视线可以看在五步之内。但凡看人时，视线高于对方脸部的就显得傲慢，视线低于对方腰带的就显得忧郁，视线乜斜不正的就显得奸恶。

29. 君命，大夫与士肄①。在官言官②，在府言府③，在库言库④，在朝言朝。朝言不及犬马。辍朝而顾⑤，不有异事，必有异虑；故辍朝而顾，君子谓之固⑥。在朝言礼，问礼，对以礼。

【注释】

①肄（yì）：学习。

②官：放置图版文书的地方。

③府：宝藏财货的地方。

④库：收纳车马兵甲的地方。

⑤辍（chuò）：止。

⑥固：陋，失礼、无礼的意思。

【译文】

　　国君有命令时，大夫与士应该加以学习。在官衙就谈论官衙之事，在府仓就谈论府仓之事，在武库就谈论武库之事，在朝廷上就谈论朝政之事。在朝廷上说话，不涉及犬马逸乐等事。如果散朝后还回头张望，不是有其他异常的事情，就是有其他异常的念头；所以散朝后还回头张望的，君子把这种不合礼仪的行为叫作"固"。在朝廷上，一切都讲究礼，问话要合礼，对答也要合礼。

30. 大飨不问卜①，不饶富②。

【注释】

①大飨：郑注认为，这是一种祭祀五帝的典礼。孙希旦《礼记集解》说，
这是指"王飨诸侯"，即天子宴请诸侯。

②富：备。

【译文】

举行"大飨"礼仪，不占问、不卜卦；礼数仪节不过度，周备就好。

31. 凡挚①，天子鬯②，诸侯圭，卿羔，大夫雁，士雉，庶人
之挚匹③。童子委挚而退④。野外军中无挚，以缨、拾、矢，可
也。妇人之挚，椇、榛、脯、脩、枣、栗⑤。

【注释】

①挚：通"贽"，古代拜访时相赠的礼物。

②鬯（chàng）：祭祀用的酒，以黑黍所酿，气味芬芳。

③匹：家鸭，古称鹜（wù）。

④童子委挚而退：据孔疏，童子之挚为束脩，因其不敢与成人行授受
礼，所以把礼物放在地上而自行退避。

⑤椇（jǔ）：枳椇，一种树木，也指其果实，味甘可食。

【译文】

凡拜访相见时所赠的礼物，天子用鬯酒，诸侯用圭，卿用羔羊，大
夫用雁，士用雉，庶人用家鸭。童子把见面礼放在地上就退避到一边
去，不行授受之礼。野外军中没有可用的见面礼时，用马缨、射箭用的
束袖臂套、箭也可以。妇人的见面礼是椇、榛、肉脯、长条干肉、枣子、
栗子。

王　制

【题解】

郑玄《礼记目录》云：“名曰‘王制’者，以其记先王班爵、授禄、祭祀、养老之法度。”

“王制”之题，取自篇首“王者之制禄爵”一句的浓缩。内容主要记载古代帝王治理天下的各种制度，任铭善《礼记目录后案》认为，这应该是因革损益虞、夏、商、周四代的制度所定，未必在当时实际执行过。关于制度的种类，郑玄《礼记目录》提出班爵、授禄、祭祀、养老四类；任铭善提出十类：“兹篇所记者十事：班爵，禄田，任官，巡狩，朝聘，教学，养老，国用，丧祭，职方”。通观《王制》全篇，应以任氏分类较能涵括内容。

《王制》成作时代，历来有异说，如：东汉卢植以为汉文帝命博士诸生所作；郑玄以为在孟子之后；孔颖达以为在秦汉之际；廖平、康有为等以为是孔子遗书；任铭善认为是战国之末。目前尚无确切的定论。

本篇《王制第五》，选释45小节。

1. 王者之制禄爵，公侯伯子男，凡五等。诸侯之上大夫卿、下大夫、上士、中士、下士，凡五等。

【译文】

君王制定俸禄爵位，分为公、侯、伯、子、男，共五等。诸侯国的上大夫（即卿）、下大夫、上士、中士、下士，也是五等。

2. 天子之田方千里，公侯田方百里，伯七十里，子男五十里。不能五十里者，不合于天子①，附于诸侯，曰附庸②。天子之三公之田视公侯③，天子之卿视伯，天子之大夫视子男，天子之元士视附庸④。

【注释】

①不合：不朝会。《孟子·万章下》有类似记载："不能五十里，不达于
　天子，附于诸侯，曰附庸。"

②附庸：附属于诸侯国的小国。

③三公：天子的三位最重要的大臣，太师、太傅、太保。或说为司马、司
　徒、司空。

④元士：上士。

【译文】

　　天子的田有一千平方里，公爵侯爵的田有一百平方里，伯爵有七
十平方里，子爵男爵有五十平方里。不足五十平方里的，不能朝会于
天子，附属于诸侯国的，称附庸。天子的三公所占田地，比照公爵、侯
爵，天子的卿比照伯爵，天子的大夫比照子爵、男爵，天子的元士比照
附庸。

3. 制农田百亩，百亩之分，上农夫食九人①，其次食八人，
其次食七人，其次食六人，下农夫食五人。庶人在官者②，其
禄以是为差也。诸侯之下士视上农夫，禄足以代其耕也；中
士倍下士，上士倍中士，下大夫倍上士；卿，四大夫禄。君，十
卿禄。次国之卿，三大夫禄；君，十卿禄。小国之卿，倍大夫
禄，君十卿禄。

【注释】

①上农夫：耕种上等田的农夫，指所耕百亩之田肥沃而收获丰厚。食
　（sì）：供养，给人吃。

②庶人在官者：指在官府服务的庶人，是由官吏自行选用的，因不是正
　式命官，仍是庶人身份，所以称为"庶人在官"。

【译文】

　　制度规定一个农夫受田百亩，田地又依肥瘠分级，百亩上等农田
一个农夫可供养九人，其次可供养八人，再其次可供养七人，再其次可
供养六人，下等农田一个农夫可供养五人。在官府服务的庶人，其俸
禄也是依此为等差的。诸侯的下士比照上农夫，他们的俸禄足以替代

他们务农耕田的收获；中士的俸禄比下士多一倍；上士比中士多一倍；下大夫比上士多一倍；卿的俸禄，四倍于大夫。国君的俸禄，十倍于卿。次一等诸侯国之卿的俸禄，三倍于大夫；国君的俸禄，十倍于卿。小国之卿的俸禄，比大夫多一倍；国君的俸禄，十倍于卿。

4. 凡四海之内九州，州方千里。州建百里之国三十，七十里之国六十，五十里之国百有二十，凡二百一十国。名山大泽不以封①。其余以为附庸、间田②。八州③，州二百一十国。

【注释】

①名山大泽不以封：不分封名山大泽的缘故，孙希旦《礼记集解》认为有两个原因，一则恐受封者专擅财利而不与民同享，一则恐其据险阻而易于负固。

②附庸、间（xián）田：指分封二百一十国之外的其余土地，若已分封给人，附属于大国，称为"附庸"；若没有分封给人，称为"间田"。

③八州：这是九州中的八州，另外一州是天子直辖的王畿，制度不同，见下文。

【译文】

四海之内共有九州，每州一千平方里。其中八州，每州建立一百平方里的国家三十个，七十平方里的国家六十个，五十平方里的国家一百二十个，共计二百一十国。各州著名的山川湖泽不分封。分封后剩余的土地为附庸小国及间田。这样的州有八个，每州有二百一十国。

5. 天子之县内，方百里之国九，七十里之国二十有一，五十里之国六十有三，凡九十三国。名山大泽不以肦①。其余以禄士，以为间田。

【注释】

①肦（bān）：颁赐。

【译文】

　　天子所管辖的王畿之内，一百平方里的国家有九个，七十平方里的国家有二十一个，五十平方里的国家有六十三个，总计九十三国。王畿内的名山大泽不颁赐给臣属。分封剩下的土地作为士的俸禄田，或作为闲田。

6. 凡九州，千七百七十三国，天子之元士、诸侯之附庸，不与。

【译文】

　　天下九州共有一千七百七十三国，天子元士的封地及诸侯的附庸，不计算在内。

7. 天子百里之内以共官①，千里之内以为御。

【注释】

①共(gōng)：通"供"，供给。

【译文】

　　天子都城百里之内的赋税供王朝官员办公开销，千里之内的赋税则作为天子御用之膳食服饰车马开销。

8. 千里之外设方伯。五国以为属，属有长；十国以为连，连有帅；三十国以为卒，卒有正；二百一十国以为州，州有伯。八州八伯，五十六正，百六十八帅，三百三十六长。八伯各以其属属于天子之老二人①，分天下以为左右，曰二伯。

【注释】

①天子之老：指上公。又据《周礼·春官·典命》郑注，上公是特指天子之三公中有德者。

【译文】

　　王畿千里之外设置方伯。以五国为一属，每属设有一属长；十国为一连,每连设一帅;三十国为一卒,每卒设一正。二百一十国为州,每州设一伯。八州,有八个伯,五十六个正,一百六十八帅,三百三十六个长。八伯各以他们统领的部属归属于天子之老二人,将天下分为左右两部分,由二老掌管,称为二伯。

9. 千里之内曰甸。千里之外曰采、曰流①。

【注释】

①采:九州之内的地方。流:九州之外夷狄的居处。

【译文】

王畿千里之内称甸。王畿千里之外称采、称流。

10. 天子三公、九卿、二十七大夫、八十一元士。

【译文】

天子的属官有三公、九卿、二十七大夫、八十一元士。

11. 大国三卿,皆命于天子,下大夫五人,上士二十七人。次国三卿,二卿命于天子,一卿命于其君,下大夫五人,上士二十七人。小国二卿,皆命于其君,下大夫五人,上士二十七人。

【译文】

大诸侯国设三卿,都由天子任命,另设下大夫五人,上士二十七人。次一等的诸侯国设三卿,其中二卿由天子任命,一卿由国君任命,另设下大夫五人,上士二十七人。小诸侯国设二卿,都由国君任命,另设下大夫五人,上士二十七人。

12. 天子使其大夫为三监,监于方伯之国,国三人。

【译文】

　　天子派所属大夫担任三监,监察各方伯之国,每国派三人。

13. 凡官民材,必先论之①,论辨然后使之②,任事然后爵之,位定然后禄之。

【注释】

①论:考核其德行道艺。

②论辨:考校民材而后分别其高下。辨,辨别。

【译文】

　　凡从庶民中选拔人材任官,一定要先考核其才能德行,考定其才能高下后派任工作,胜任工作后确认官爵,官爵确认后授予俸禄。

14. 爵人于朝,与士共之。刑人于市,与众弃之。是故公家不畜刑人①,大夫弗养,士遇之涂弗与言也②。屏之四方③,唯其所之,不及以政,亦弗故生也④。

【注释】

①畜(xù):养。与下文之“养”为互文。

②涂:同“途”。

③屏(bǐng):摒弃。

④亦弗故生也:也不想他们活下去。王引之《经义述闻·礼记上》“亦弗故生也”条指出,据孔疏“非但不使,意在亦不欲使生”,《通典·刑四》引《大戴礼》作“不及以政,不欲生之故也”,《孔子家语·刑政》作“不及与政,弗欲生之也”等;可知“故”字当为“欲”字之误。

【译文】

　　授人爵位要在朝廷上,让众官员共同参与。处决犯人要在市集上,表示与众人一起抛弃罪犯。所以公家不收养受过刑罚的人,大夫也不收养,士在路上遇到受过刑罚的人不跟他们说话。把受过刑罚的人流放到四方,随他们任意流浪,不让他们参与政务,就是不想让他们生存。

15. 诸侯之于天子也,比年一小聘①,三年一大聘②,五年一朝。

【注释】

①小聘:古代聘问之礼,诸侯派遣大夫朝见天子。

②大聘:古代聘问之礼,诸侯派遣卿朝见天子。

【译文】

诸侯对天子,每年派大夫去聘问一次,每三年派卿去聘问一次,每五年诸侯亲自去朝见一次。

16. 天子五年一巡守①。岁二月,东巡守,至于岱宗②,柴而望祀山川③。觐诸侯④,问百年者,就见之。命大师陈诗,以观民风。命市纳贾⑤,以观民之所好恶,志淫好辟⑥。命典礼考时月,定日,同律、礼、乐、制度、衣服,正之。山川神祇有不举者为不敬⑦,不敬者君削以地;宗庙有不顺者为不孝⑧,不孝者君绌以爵;变礼易乐者为不从,不从者君流;革制度衣服者为畔⑨,畔者君讨。有功德于民者,加地进律⑩。五月,南巡守,至于南岳,如东巡守之礼。八月,西巡守,至于西岳,如南巡守之礼。十有一月,北巡守,至于北岳,如西巡守之礼。归,假于祖祢⑪,用特⑫。

【注释】

①巡守(shòu):天子巡视天下。

②岱宗:东岳泰山。

③柴:或本作"祡",祭名,燔柴祭天以告。望祀山川:遥望山川的方向祭拜祷祠,而不在当地举行祭祀。

④觐:古代觐见之礼,诸侯朝见天子曰"觐"。

⑤市:掌管市场买卖的官吏。贾(jià):通"价",物价贵贱。

⑥辟:偏邪不正。

⑦举:祭。

⑧不顺：指宗庙昭穆排列不当或祭祝不依时序。

⑨畔：通"叛"。

⑩进律：犹晋爵。陈澔《礼记集说》引应氏："律者，爵命之等。"

⑪假（gé）于祖祢（nǐ）：到祖庙、祢庙告归。假，至也。祖，祖庙，指太祖、高祖、曾祖、祖父庙。祢，父庙。

⑫特：特牲，特选一头供祭之牛。

【译文】

天子每五年巡视天下一次。视察之年的二月出发，先巡视东方，到东岳泰山，举行柴祭上天之礼，并望祀当地的山川。接见东方各国诸侯，慰问当地百岁的老人，登门造访会见。命掌管音乐的太师进陈采集的诗歌民谣，以观察当地的风俗民情。命掌管市场买卖的官员汇报各种物价，以观察人民的好恶，如果民心不正，则人民所喜好的物品也会偏邪不正。命令掌管礼俗的官员考正四时、月份，排定日历，统一法律、礼仪、乐律、制度、衣服，有不符原则的都加以订正。对当地山川神祇有不祭祀的就是不敬，有不敬者则国君就要削减封地；对宗庙有不顺的就是不孝，有不孝者则国君就要贬削爵位；擅改礼乐制度的就是不从，有不从者则国君就要遭到流放；任意改革制度和衣服的就是叛逆，有叛逆者则国君要加以讨伐。对人民有功德的国君，要加封土地或晋升爵位。五月，巡视南方，到南岳衡山，如同巡视东方的礼节。八月，巡视西方，到西岳华山，如同巡视南方的礼节。十一月，巡视北方，到北岳恒山，如同巡视西方的礼节。天子巡视后回到京畿，要到祖庙、祢庙禀报巡视归来，用特牲一牛进行祭祀。

17. 天子将出，类乎上帝，宜乎社，造乎祢①。诸侯将出，宜乎社，造乎祢。

【注释】

①类、宜、造：据郑注，三者都是祭名，具体的礼典、仪式已不可考。

【译文】

天子将外出，要类祭上帝，宜祭社稷，造祭祢庙。诸侯将外出，要宜祭社稷，造祭祢庙。

18. 天子无事与诸侯相见曰朝①。考礼，正刑，一德，以尊于天子。天子赐诸侯乐，则以柷将之②；赐伯、子、男乐，则以鼗将之③。诸侯，赐弓矢然后征，赐铁钺然后杀④，赐圭瓒然后为鬯⑤。未赐圭瓒，则资鬯于天子。

【注释】

①无事：指没有战争死丧之事。

②柷(zhù)：一种木制打击乐器，形如方漆桶，其中有椎，以椎击底有声，奏乐前先击之，用以节制音乐。将：持。据郑注，指送人礼物，只授以物之小者作为代表。

③鼗(táo)：长柄小鼓，两旁有耳坠，状似今之拨浪鼓，在乐曲结束时摇以止乐。

④铁：同"斧"。

⑤圭瓒(zàn)：灌酒器，一种柄似玉圭的勺子，用以盛酒祭祀。鬯(chàng)：祭祀用的酒，以黑黍所酿，气味芬芳。

【译文】

天子在平常情况下与诸侯相见称为"朝"。会朝时，考订礼仪，订正刑法，统一道德规范，使各诸侯都尊崇天子。天子赐给诸侯(公爵、侯爵)乐器，以"柷"作为代表物；赐给伯爵、子爵、男爵乐器，以"鼗"作为代表物。诸侯，由天子赏赐弓矢之后，才有出征的权力；由天子赏赐斧钺之后，才有诛杀的权力；由天子赏赐圭瓒之后，才有自行酿鬯酒的权力。未获赏赐圭瓒的，就由天子赐给鬯酒。

19. 天子命之教，然后为学。小学在公宫南之左，大学在郊。天子曰辟雍①，诸侯曰頖宫②。

【注释】

①辟雍：周天子为世子及贵族子弟设立的大学，其形四方环水，形如璧，故称"辟雍"。

②頖(pàn)宫：又作"泮宫"，诸侯为世子及贵族子弟设立的大学，其形东西两门以南有水相环而通。

【译文】

  天子下令开办教育，然后设立学校。小学设在国君宫廷之南的左侧，大学设在国都郊区。天子所设的大学称"辟雍"，诸侯所设的大学称"頖宫"。

20. 天子将出征，类乎上帝，宜乎社，造乎祢，祃于所征之地①。受命于祖，受成于学。出征，执有罪，反，释奠于学②，以讯馘告③。

【注释】

①祃（mà）：一种军祭，具体礼典、仪式已不可考。

②释奠：设置酒食以奠祭先圣先师。

③讯：俘虏。《诗经·小雅·出车》："执讯获丑。"馘（guó）：原指杀死敌军后取其左耳以计军功，也借指所杀之敌。《诗经·鲁颂·泮水》："在泮献馘。"

【译文】

  天子即将出征之前，要类祭上帝，宜祭社稷，造祭祢庙，并在开战的地方举行祃祭。出征前在祖庙占卜并祭拜先祖表示受命出征，并在大学里决定策略。出兵征伐，擒获有罪的人，归返后，在大学设奠拜祭先圣先师，以禀告所获俘虏与杀死敌军的人数。

21. 天子诸侯无事，则岁三田：一为干豆①，二为宾客，三为充君之庖。无事而不田曰不敬②，田不以礼曰暴天物。天子不合围，诸侯不掩群。天子杀则下大绥③，诸侯杀则下小绥，大夫杀则止佐车④，佐车止则百姓田猎。獭祭鱼⑤，然后虞人入泽梁⑥；豺祭兽⑦，然后田猎；鸠化为鹰⑧，然后设罻罗⑨；草木零落，然后入山林。昆虫未蛰，不以火田。不麛⑩，不卵，不杀胎，不殀夭⑪，不覆巢。

【注释】

①干豆:将捕获的动物制成干肉,盛放于豆等祭器以供祭祀。

②无事而不田曰不敬:据郑注,没有大事而不依时节田猎,则会简慢祭
　　祀、忽略宾客,所以说"不敬"。

③大绥:天子田猎时所使用的大旗。

④佐车:协助驱赶野兽的车辆。

⑤獭(tǎ)祭鱼:水獭以鱼为主食,常将捕获的鱼陈列于水边,犹如祭祀
　　时陈列供品,故称"獭祭鱼"。按照《月令》规定,每年孟春正月"獭祭
　　鱼",此后,就可以入湖泽下网捕鱼了。

⑥虞人:掌管山林湖泽的官员。

⑦豺祭兽:生性凶猛的犬科动物,捕兽时围阵若祭,故称"豺祭兽"。据
　　说,"豺祭兽",是在秋天九、十月时。

⑧鸠化为鹰:古人以为鸠与鹰是可以互相变化的,据说"鸠化为鹰"在
　　仲秋八月。其实,鸠、鹰不能互化,这是古人的误解。

⑨尉(wèi):小网。

⑩麛(mí):又作"麑",幼鹿,泛指幼兽。此处指捕捉幼兽。

⑪殀(yǎo):断杀。夭:未成年的禽兽。

【译文】

　　天子、诸侯在平常无战争或凶丧之事时,每年狩猎三次:一是为了祭祀准备供品,二是为了招待宾客准备菜肴,三是为了充实天子、诸侯的厨房膳食。平常无战争或凶丧之事却不狩猎就是不敬,狩猎而不依循相关的礼仪规定就是戕害上天所生之物。为了避免物种灭尽,天子狩猎不采取四面合围的方式,诸侯狩猎不杀尽成群的野兽。天子猎获时就放下指挥的大旗,诸侯猎获时就放下指挥的小旗,大夫猎获时就停下助猎的佐车,佐车停下后百姓就可以开始田猎。孟春正月,水獭将捕获的鱼陈列如祭品以后,管理川泽的虞人可以进入湖泽并设鱼梁捕鱼;季秋九月,豺兽如祭祀般围猎以后,才能开始狩猎;仲秋八月,鸠化为鹰以后,才能设罗网捕飞鸟;草木凋零后,才能进入山林砍伐树木。昆虫还未冬眠蛰居时,不能放火烧草以获取猎物。不捕取幼兽,不掏取鸟卵,不杀怀胎的母兽,不杀小兽,不毁坏掀覆鸟巢。

22. 天子七日而殡①,七月而葬。诸侯五日而殡,五月而

63

葬。大夫、士、庶人三日而殡，三月而葬。三年之丧，自天子达。庶人县封②，葬不为雨止，不封不树③。丧不贰事，自天子达于庶人。丧从死者，祭从生者。支子不祭。

【注释】

①殡(bìn)：死者入殓后暂置灵柩以待葬。

②县(xuán)封：指直接悬绳下棺而不立碑。县，同"悬"。封，堆土为坟包。郑注以为当作"窆"(biǎn)，将棺木放入圹穴。

③不封不树：据考证，我国在春秋以前，安葬死者墓穴上是不起封土堆，也不种植树木的。

【译文】

　　天子死后第七天殡，第七个月下葬。诸侯死后第五天殡，第五个月下葬。大夫、士、庶人死后第三天殡，第三个月下葬。为父母服三年之丧，从天子以至庶人都是一样的。庶人的棺以悬吊的方式下葬，棺柩安葬不因下雨而停止，墓圹上不堆土为坟也不种树。服丧期间要专一而不从事其他活动，从天子到庶人都一样。丧礼的规格要依照死者生前的身份地位而定，祭礼则依照主祭者的身份地位而定。支子不能主持祭祀。

23. 天子七庙，三昭三穆①，与大祖之庙而七②。诸侯五庙，二昭二穆，与大祖之庙而五。大夫三庙，一昭一穆，与大祖之庙而三。士一庙。庶人祭于寝。

【注释】

①三昭三穆：指父、祖、曾祖、高祖、高祖之父、高祖之祖的宗庙排列次序，若子为昭，则父为穆，祖为昭，曾祖为穆，依次递推。昭、穆，周代祖先宗庙排列之次序，左为昭庙，右为穆庙。

②大祖：即太祖，指始封之祖，周王天子以后稷为太祖，诸侯、大夫则以始封之君为太祖。

【译文】

　　天子设立七庙，三座昭庙，三座穆庙，加上太祖庙共七庙。诸侯设立五庙,两座昭庙,两座穆庙,加上太祖庙共五庙。大夫设立三庙,一座昭庙,一座穆庙,加上太祖庙共三庙。士设立一庙。庶人不设庙,就在住所中祭祀祖先。

24. 天子诸侯宗庙之祭,春曰礿①,夏曰禘,秋曰尝,冬曰烝。天子祭天地,诸侯祭社稷,大夫祭五祀②。天子祭天下名山大川:五岳视三公③,四渎视诸侯④。诸侯祭名山大川之在其地者。天子诸侯祭因国之在其地而无主后者⑤。

【注释】

①礿(yuè):据郑注,礿、禘、尝、烝为夏殷的祭名,周代则改春曰祠、夏曰礿。

②五祀:指祭户、灶、中霤、门、行五种神。

③视三公:据郑注,指祭祀规格,即所用祭牲、祭器及仪式比照祭祀三公。

④四渎:《尔雅·释水》:"江、河、淮、济为四渎。"

⑤因国之在其地而无主后者:据郑注,指世代承袭之故国,其先王先公有功德本应世世代代受祀,却无后嗣为之主祭者。因,承袭。

【译文】

天子、诸侯四时的宗庙祭祀,春祭称为"礿",夏祭称为"禘",秋祭称为"尝",冬祭称为"烝"。天子祭祀天地,诸侯祭祀社稷,大夫祭祀五祀。天子祭祀天下的名山大川:祭五岳比照三公祭祀的祭牲与祭器规格,祭四渎比照诸侯的祭牲与祭器规格。诸侯祭祀在自己领土境内的名山大川。天子、诸侯祭祀境内没有后嗣为之祭祀的故国之主。

25. 古者公田藉而不税①;市,廛而不税②;关,讥而不征③。林麓川泽,以时入而不禁。夫圭田无征④。用民之力岁不过三日。田里不粥⑤,墓地不请。

【注释】

①藉而不税:征借民力耕种,可以抵税。藉,借也。

②廛而不税：租用公家店铺做买卖，只收房租，不另征收货物税。廛，
　公家所建的店铺。

③讥：稽查，指稽查往来的异言异服之人。

④圭田：卿、大夫、士用以供奉祭祀的田。

⑤粥（yù）：同"鬻"，卖。

【译文】

　　古时候，协助耕种公田者，不征收田税；在市集租借公家店铺买卖者，只收店租而不征收货物税；各大小关口，负责稽查往来的异言异服之人而不征收关税。森林、山麓、河川、沼泽，若按照适当的时节伐木、渔猎，就不加禁止。耕种供奉祭祀的田不征赋税。公家征用民众服劳役，一年不超过三天。公家分配给人民的田宅不得出卖，丧葬都用公家规划的墓地，不得另有请求。

26. 凡居民材①，必因天地寒暖燥湿、广谷大川异制，民生其间者异俗，刚柔、轻重、迟速异齐②，五味异和，器械异制，衣服异宜。修其教，不易其俗；齐其政，不易其宜。中国戎夷，五方之民，皆有性也，不可推移。东方曰夷，被发文身③，有不火食者矣。南方曰蛮，雕题交趾④，有不火食者矣。西方曰戎，被发衣皮，有不粒食者矣⑤。北方曰狄，衣羽毛穴居，有不粒食者矣。中国、夷、蛮、戎、狄，皆有安居、和味、宜服、利用、备器。五方之民，言语不通，嗜欲不同。达其志，通其欲：东方曰寄⑥，南方曰象，西方曰狄鞮，北方曰译。

【注释】

①材：才艺。郑注说"使其材艺堪地气"，是说人之秉性、才艺因为各地环境不同而有差异。

②齐（jì）：同"剂"，分量。

③被（pī）：披。

④雕题：在额头上刺青。雕，刻镂。题，额头。交趾：两足足趾向内相交。

⑤不粒食：不吃粮食而食禽兽之肉，是因为当地气候寒冷、少五谷。

粒,谷物。

⑥寄:与以下"象"、"狄鞮"(dī)、"译"是四方各地对于翻译的称呼。

【译文】

　　凡各地居民的秉性材艺,必会因为当地天候寒暖燥湿、居处环境为山谷大川等差异而有不同的类型,人民生活在不同的天候、地理条件下,发展出不同的风俗民情,性格中刚柔、轻重、快慢的特点各不相同,对五味的偏好各不相同,使用的器械形制各不相同,衣服的材质样式各不相同。国家要施行礼法教化各地人民,而不改变他们原有的风俗;统一政令,而不改变适宜于各地的习俗。中原与四方民族,所有的人民,都有各自的习性,不可勉强改变。东方民族称为"夷",披头散发,身上绘着花纹,有的人不生火烧饭吃熟食。南方民族称为"蛮",额头刺刻着花纹,左右两脚相交错,有的人不生火烧饭吃熟食。西方民族称为"戎",披头散发,穿着兽皮衣服,有的人不吃五谷食粮而食禽兽之肉。北方民族称为"狄",穿着鸟羽、兽皮的衣服,住在洞穴里,有的人不吃五谷食粮而食禽兽之肉。中国、东夷、南蛮、西戎、北狄各地,各自都有舒适的住所、可口的味道、适当的衣饰、便利的用品、周备的器具。五方各地的人民,语言不相通,嗜好与需求也不相同。为了传达思想意志,了解彼此的需求,有人负责沟通翻译工作:东方叫作"寄",南方叫作"象",西方叫作"狄鞮",北方叫作"译"。

27. 凡居民,量地以制邑,度地以居民。地、邑、民居,必参相得也。无旷土,无游民,食节事时,民咸安其居,乐事劝功,尊君亲上,然后兴学。

【译文】

　　凡是安顿人民,要根据地势高低广狭确定城邑的大小规模,要根据土地的宽窄多寡来决定居民的多少。地理环境、城邑规模、居民数量,三者一定要配合得当。没有荒废的土地,没有无业游民,饮食有所节制,使用民力都依照四时节令,人民都安心地居住生活,快乐地工作富于成效,尊敬君王,亲爱长辈与上级,然后兴办学校,教化人民。

28. 司徒修六礼以节民性①,明七教以兴民德,齐八政以防淫,一道德以同俗,养耆老以致孝,恤孤独以逮不足,上贤以崇德,简不肖以绌恶②。命乡简不帅教者以告③。耆老皆朝于庠④。元日,习射上功⑤,习乡上齿⑥,大司徒帅国之俊士与执事焉⑦。不变,命国之右乡简不帅教者移之左,命国之左乡简不帅教者移之右,如初礼。不变,移之郊⑧,如初礼。不变,移之遂⑨,如初礼。不变,屏之远方,终身不齿⑩。

【注释】

① 司徒:掌管教化的官员。六礼:指古代的冠礼、婚礼、丧礼、祭礼、乡饮酒礼和乡射礼、相见礼。参本篇45节。

② 简:选。绌(chù):去除。

③ 乡:基层行政单位。帅:遵循。

④ 耆老:指乡中退休的高官及前辈贤人。朝:会。庠(xiáng):古代的学校,特指乡学。

⑤ 习:演习。射:乡射礼。功:指射中者。演习乡射礼,由射中者居上位,故称"上功"。

⑥ 乡:指乡饮酒礼。齿:年纪。演习乡饮酒礼,老者居上位,故称"上齿"。

⑦ 俊士:从乡学择优进入大学的人。参本篇29节。

⑧ 郊:乡界以外的行政区划。

⑨ 遂:郊以外的行政区划。

⑩ 齿:录用,收纳。

【译文】

司徒修习六礼以节制人民的习性,阐明七教以兴发人民的德性,整齐八政以防止淫邪放肆,统一道德规范以形成共同的社会风俗,赡养老人以提倡孝道,抚恤孤独的人以引导人民救济困乏,尊重贤人以示崇尚道德,举发小人以示罢斥邪恶。命各乡挑出不服从教管的人上报。让高龄老人都到学校聚会。选一个吉日,演习乡射礼,以射中者为上;行乡饮酒之礼,以老者居上;大司徒率领国家选出的俊士参与演习礼仪之事。如不服从教管的人仍不改变,就命右乡挑出不服教管的人,将他们迁到左乡,命左乡挑出不服管教的人,将他们迁到右乡,在异乡,如前演习各种礼仪以教化他们。如果再不改变,就把他们迁到郊区,也如前演习各种礼仪以教化他们。如果再不改变,就把他们迁到远郊的遂,也如前演习各种礼仪以教化他们。最后如果依旧不变,就把他们驱逐到远方,终身不录用。

29. 命乡论秀士①,升之司徒,曰选士。司徒论选士之秀者而升之学,曰俊士。升于司徒者不征于乡;升于学者不征于司徒,曰造士。乐正崇四术②,立四教③,顺先王《诗》、《书》、《礼》、《乐》以造士。春秋教以《礼》、《乐》,冬夏教以《诗》、《书》。王大子、王子、群后之大子、卿大夫元士之适子、国之俊选,皆造焉。凡入学以齿。将出学④,小胥、大胥、小乐正简不帅教者以告于大乐正⑤,大乐正告于王。王命三公、九卿、大夫、元士皆入学。不变,王亲视学。不变,王三日不举⑥,屏之远方⑦,西方曰棘,东方曰寄,终身不齿。大乐正论造士之秀者以告于王,而升诸司马⑧,曰进士。

【注释】

①论:考评。

②乐正:乐官之长,掌管贵族子弟的教务。四术:指《诗》、《书》、《礼》、《乐》。

③四教:以四术为本的教化。

④出学:郑注:"谓九年大成,学止也。"

⑤小胥:掌管学生征令。大胥:掌管学籍。小乐正:为大乐正副手。三者皆大乐正的部属。

⑥不举:食不举乐,表示自责。

⑦屏(bǐng):摒。

⑧司马:掌管政务的官员。

【译文】

命各乡考评优秀人才,推荐给司徒,称为"选士"。司徒考核选士中优秀的人推荐给大学,称为"俊士"。推荐给司徒的免服乡中的徭役;推荐给大学的免服国家的徭役,统称为"造士"。乐正推崇《诗》、《书》、《礼》、《乐》四种学术,设立四类教程,遵循先王传下来的《诗》、

《书》、《礼》、《乐》以造就人才。春、秋二季教《礼》、《乐》,冬、夏二季教《诗》、《书》。王太子、王子、诸侯各国的太子、卿大夫及元士的嫡子、国中的俊士选士,都来就学。凡入学,依照年龄长幼安排各种学习,不论身份尊卑。即将学成时,小胥、大胥、小乐正要挑选出不服从管教的人上报大乐正,大乐正再上报天子。天子于是命三公、九卿、大夫、元士都到大学,演习各种礼仪,为不服管教的子弟示范。如果不改变,天子就亲自去大学视察。如果还不改变,天子三天用膳时不举乐,并将不服管教的子弟驱逐到远方,到西方的称为"棘",到东方的称为"寄",终身不再录用。大乐正考核学有所成的造士,选拔优秀的人才上报于天子,并推荐给司马,称为"进士"。

30. 司马辨论官材,论进士之贤者以告于王,而定其论。论定然后官之,任官然后爵之,位定然后禄之。大夫废其事,终身不仕,死以士礼葬之。有发,则命大司徒教士以车甲。

【译文】

司马辨析考评这些进士的为官能力,评选出进士中的优秀人才上报给天子,由天子进行最后的裁定。天子论定后就派任官职,出任官职后再颁授爵位,爵位确定后再发给俸禄。大夫如果荒废政事,则终身不再委任,死后也只能以士的礼仪安葬。国家有战事要征发兵卒时,就命大司徒教士子有关乘车戴甲等征战之事。

31. 凡执技①,论力,适四方,羸股肱②,决射御。凡执技以事上者,祝、史、射、御、医、卜及百工。凡执技以事上者,不贰事,不移官,出乡不与士齿。仕于家者,出乡不与士齿③。

【注释】

①执技:指从事祝、史、射、御、医、卜、百工等工作。

②羸(luǒ):赤身露体。

③不与士齿:据郑注,执技者地位低贱,容许他们在乡可与士并列,是执政者为了表现亲和的治民原则。

【译文】

　　凡有一技之长的,考校他们的能力,派他们到各地,裸露臂腿,比赛射箭、驾车。凡以一技之长事奉君王的人,有祝、史、射、御、医、卜及百工。凡以一技之长事奉君王的人,不能兼职,不能改行,出了乡不能与士排序并列。在卿大夫家任职的,离开本乡出外,也不能与士排序并列。

　　32. 司寇正刑明辟①,以听狱讼,必三刺②。有旨无简③,不听。附从轻④,赦从重。凡制五刑⑤,必即天论⑥,邮罚丽于事⑦。凡听五刑之讼,必原父子之亲、立君臣之义以权之;意论轻重之序,慎测浅深之量以别之;悉其聪明,致其忠爱以尽之。疑狱,氾与众共之;众疑,赦之。必察小大之比以成之⑧。成狱辞,史以狱成告于正⑨,正听之,正以狱成告于大司寇,大司寇听之棘木之下⑩。大司寇以狱之成告于王,王命三公参听之。三公以狱之成告于王,王三又⑪,然后制刑。凡作刑罚,轻无赦。刑者侀也⑫,侀者成也,一成而不可变,故君子尽心焉。

【注释】

①司寇:掌管刑法的官员。辟:罪。

②三刺:三度讯问调查,以弄清罪案,明断是非。据《周礼·秋官·小司寇》,三刺是,一讯群臣,二讯群吏,三讯万民。刺,侦讯,讯问。

③旨:内在的意念,指犯罪意图。简:外显的表征,指犯罪事实。

④附:判刑,施刑。

⑤五刑:指墨(在脸部刺字)、劓(yì,割鼻)、剕(fèi,断足)、宫(割除或破坏生殖器)、大辟(死刑)五种刑罚。

⑥论(lún):通"伦",伦理。

⑦邮:据郑注,指断人罪过。丽(lì):附。

⑧比:以前的案例。

⑨史:负责整理狱讼记录的史官。狱成:即狱辞。正:长,官长。

⑩棘木:指天子外朝左右有九棵棘木,用以标示众朝臣之位。

⑪三又：即"三宥"。又，通"宥"，宽宥。据《周礼·秋官·司寇·司刺》，三宥是指在三种情况下犯罪则考虑宽宥：一为"不识"，指愚民因无知而犯罪；二为"过失"，即非故意的过失犯罪；三为"遗忘"，指因客观状况造成当事人一时遗忘法令而犯罪。

⑫侀（xíng）：成形。

【译文】

　　司寇负责审定刑法、明辨刑罪，以审理狱讼，审理罪案时，一定要谨慎地侦讯案情，再三调查侦讯。对于有犯罪意图而无犯罪事实的人，不予起诉。定刑时，凡刑罚可轻可重的，则从轻；刑罚可赦免时，按照可以赦免的重罪予以赦免。凡终审要判处五刑的，一定要考虑天伦关系，使断案刑罚与犯罪事实相符。凡审理要判处五刑的诉讼，一定要考虑父子的亲情、确定君臣之义，以权衡刑罚；依据犯罪情节认真思量刑罚的轻重，审慎考虑罪行的深浅程度，以判定刑罚的差别；充分发挥耳之聪、目之明，秉持忠恕仁爱的原则，使犯罪之人得尽情表述，使案情能真正清楚。有疑问的狱案，要广泛地听取众人的意见；如众人也疑而不决，就先赦免当事人。一定要考察罪行的大小，比照以前发生过的案例，完成审理。完成审判过程记录之后，文书官就将案件审判结果上报给负责司法的正。正审核之后，再将案件审判结果上报大司寇，大司寇在天子外朝的棘木下审理案件。大司寇将审理结果上报天子，天子命三公一起参与审理。三公审理后把结果上报天子，天子再考虑是否在"三宥"的范围内，然后就判定刑罚。凡制定刑罚，罪刑轻的不予赦免。刑，就是"侀"；侀，是成形、定型，形体既成而不可改变，人体一旦受刑，也不可改变，所以君子审理刑案一定要尽心尽责。

33. 析言破律①，乱名改作，执左道以乱政，杀。作淫声、异服、奇技、奇器以疑众，杀。行伪而坚，言伪而辩，学非而博，顺非而泽以疑众②，杀。假于鬼神、时日、卜筮以疑众，杀。此四诛者，不以听。凡执禁以齐众③，不赦过。

【注释】

①析言破律：指巧言玩弄辞藻以曲解法律。

②泽：化妆用的膏脂，引申有粉饰掩过之意。

③禁:禁令。据《周礼·秋官司寇·士师》,国有五禁之法,即宫禁、官禁、国禁、野禁、军禁等。

【译文】

诡辩巧言、玩弄辞藻以曲解法律,混乱名分,变易制度,搞歪门邪道来干扰国政者,杀。制作淫邪的音乐、奇装异服、诡异的技术、怪诞的器物来迷惑大众者,杀。行为虚伪而貌似坚贞,言语虚伪而诡辩其辞,学非正道而貌似广博,道理乖谬而巧饰,以此迷惑大众者,杀。假借鬼神、时日吉凶、卜筮等以迷惑大众者,杀。这四种该杀者,都不必再审理。凡是执行禁令、要求众人一律遵守时,对犯禁者,不赦免。

34. 有圭璧金璋①,不粥于市②。命服命车,不粥于市。宗庙之器,不粥于市。牺牲不粥于市。戎器不粥于市。用器不中度,不粥于市。兵车不中度,不粥于市。布帛精粗不中数,幅广狭不中量,不粥于市。奸色乱正色,不粥于市。锦文、珠玉成器,不粥于市。衣服饮食,不粥于市。五谷不时,果实未熟,不粥于市。木不中伐,不粥于市。禽兽鱼鳖不中杀,不粥于市。关执禁以讥,禁异服,识异言。

【注释】

①金:王引之《经义述闻·礼记上》"圭璧金璋"条说,"金"当是"宗"之误,"宗"是"琮"的假借。圭、璧、琮、璋,《聘礼》称为"四器",文献多见。王说似可信。

②粥(yù):同"鬻",卖。

【译文】

有圭、璧、琮、璋贵重器物,不得在市场买卖。国君赏赐的衣物、车辆,不得在市场买卖。宗庙祭祀用具,不得在市场买卖。祭祀用的牺牲,不得在市场买卖。军队用的武器,不得在市场买卖。生活用器不合标准规格的,不得在市场买卖。兵车不合标准规格的,不得在市场买卖。布帛的经纬线精粗不合标准规格的,门幅宽度不合尺寸规格的,不得在市场买卖。不正之色混淆正色、压过正色的,不得在市场买卖。用锦纹、珠玉制成的器物,不得在市场买卖。日常的衣服饮食,不得在市场买卖。五谷未到成熟季节,果实尚未成熟的,不得在市场买卖。树木过小、不合砍伐标准的,不得在市场买卖。禽兽鱼鳖过小、不合捕捉标准的,不得在市场买卖。各关卡依照禁令稽查往来人员,禁止奇装异服,辨识不同语言。

35. 大史典礼,执简记①,奉讳恶②。

【注释】

①简记:册书,用单枚的简编连成册。

②奉:进奉。讳:先王的名讳。恶:先王的忌日。

【译文】

太史掌管礼仪,手持简册文书,并进奉应避讳的先王名字与忌日。

36. 天子齐戒受谏①。司会以岁之成质于天子②,冢宰齐戒受质。大乐正、大司寇、市三官③,以其成从质于天子,大司徒、大司马、大司空齐戒受质。百官各以其成质于三官,大司徒、大司马、大司空以百官之成质于天子,百官齐戒受质。然后,休老劳农④,成岁事,制国用。

【注释】

①齐戒受谏:据郑注,此指岁末之际,群臣奏报当年的事务并对应当改进的地方提出谏议,因此天子要斋戒以示敬慎。齐,通"斋"。本节"齐"字皆同此。

②司会:冢宰的属下,主管财政以及考察群臣政绩。成:统计的簿书。质:评断,评定。

③市:司市,司徒属官,主管市场。

④劳:犒劳。

【译文】

年终时,天子斋戒以接受群臣奏报当年事务并提出谏议。司会将一年来的行政业绩统计簿书呈报天子评断,冢宰斋戒接受天子的评定。大乐正、大司寇、司市三官员,随从司会将各自的行政业绩统计簿

书呈报天子评断,大司徒、大司马、大司空斋戒接受天子的评定。百官
各以其行政业绩统计簿书呈报三大官员评断,大司徒、大司马、大司空
再将百官的行政业绩统计簿书呈报天子评断,百官斋戒接受评定。然
后,使老年人休养,犒劳农夫,完成一年应办理的事,即可制定国家下
一年预算。

37. 凡养老^①,有虞氏以燕礼,夏后氏以飨礼,殷人以食
礼,周人修而兼用之。五十养于乡,六十养于国,七十养于
学,达于诸侯。

【注释】

①养老:指养老礼,古代以养老之礼以倡导尊老、敬老。

【译文】

　　凡养老之礼各朝皆不同,有虞氏举行燕礼,设宴于正寝且仪式比
较轻松;夏后氏举行飨礼,设宴于朝而仪式比较隆重;殷人举行食礼,
设酒不饮而以食为主;周人斟酌去取而兼用这三种礼。对五十岁以上
老人,在乡中行养老礼;对六十岁以上老人,在国都行养老礼;对七十
岁以上老人,在大学行养老礼。此例天子、诸侯通用。

38. 八十拜君命,一坐再至^①,瞽亦如之。九十使人受。
五十异粻^②,六十宿肉,七十贰膳^③,八十常珍,九十饮食不离
寝,膳饮从游可也。六十岁制^④,七十时制,八十月制,九十日
修;唯绞、绤、衾、冒^⑤,死而后制^⑥。五十始衰,六十非肉不饱,
七十非帛不暖,八十非人不暖,九十虽得人不暖矣。五十杖
于家^⑦,六十杖于乡,七十杖于国,八十杖于朝,九十者天子欲
有问焉,则就其室,以珍从。七十不俟朝^⑧,八十月告存,九十
日有秩。五十不从力政,六十不与服戎,七十不与宾客之事,
八十齐丧之事弗及也。五十而爵,六十不亲学,七十致政,唯
衰麻为丧。

【注释】

①一坐再至：君王有所赏赐时，本应行隆重跪拜之礼，但是念及老年人体衰不胜劳顿，只须一跪二叩首。坐，即今之跪。至，指俯首至地。

②粻(zhāng)：粮食。

③贰膳：佐以佳肴。贰，副，佐。

④制：指预备制作丧葬用品。

⑤绞：包束尸体殓衣的布带。紟(jīn)：单被，大殓时用。衾：被子，大小殓均用。冒：包裹尸体的最外层布套。此四者皆是人死后殓尸所用的物品。

⑥死而后制：人死后才开始制作。据《礼记·檀弓上》："丧具，君子耻具，一日二日而可为也者，君子弗为也。"是说君子若急急准备丧具，则有速弃其亲之嫌，故上述用以收殓尸体的物品，只要在死后第二天小殓、第三天大殓前赶制即可。

⑦杖：拄杖，以下可以拄杖的场所，随着老者年龄增长而愈来愈大，表示对老年人的体恤。在汉代，由皇帝向高龄老人颁授王杖，成为养老、敬老的象征。甘肃武威磨嘴子出土汉简明文规定"七十以上，人所尊敬也……高年赐王杖"（《王杖诏书令册》）、"年七十者授之以王杖"（《王杖十简》），磨嘴子汉墓出土王杖长约 2 米，端首有木刻的鸠鸟。

⑧不俟(sì)朝：指年老的大夫、士上朝，向君王作揖行礼后即可退朝，不必等朝毕。

【译文】

　　八十岁时拜谢君王赏赐，可以一跪二叩首，双目失明的人也如此。九十岁的人可以找人代为接受君王赏赐。关于用餐，五十岁，可以享用较精美的粮食；六十岁，可以隔天吃一次肉；七十岁除了吃肉之外，可佐以另一种佳肴；八十岁，可以时常吃珍贵的食物；九十岁，饮食就在寝室中，若出游则饮食应随时供给。关于制作丧具，六十岁要每年准备，七十岁要每个季节准备，八十岁要每个月准备，九十岁则每天都要准备；只有绞、紟、衾、冒等，是人死后才置办的。人五十岁开始衰老，六十岁没有肉就吃不饱，七十岁没有丝帛衣物就不暖和，八十岁不依傍他人的身体就睡不暖，九十岁虽然有人可依傍也不暖和了。五十岁可在家拄杖，六十岁可在乡中拄杖，七十岁可在国都中拄杖，八十岁可在朝廷中拄杖，九十岁的人，天子若有事问，就要到老人家中去，带着珍贵物品前往。七十岁上朝见君王,可以不必伫立等到朝毕才退朝;八十岁,君王每个月要派人去问候;九十岁,君王每天要派人致送膳食。五十岁可以不服劳役,六十岁可以不参与战事,七十岁可以不参与宴会宾客,八十岁可以不参与祭礼及丧礼。大夫五十岁封爵位,六十岁不亲自到学校学习,七十岁辞官退休,遇到丧事只要服丧服,不必参与丧礼众多仪式。

39. 凡三王养老皆引年①。八十者一子不从政②。九十者其家不从政。废疾非人不养者一人不从政。父母之丧,三年不从政。齐衰、大功之丧,三月不从政。将徙于诸侯,三月不从政。自诸侯来徙家,期不从政③。

【注释】

①引年:根据户籍核定年龄。

②政(zhēng):通"征",徭役的征召。

③期(jī):满一年。

【译文】

凡夏、商、周三代行养老礼都根据户籍以核定年龄,以确定资格。家有八十岁以上的人,可有一个儿子不服徭役。家有九十岁以上的人,可全家都不服徭役。家有残废、生病无人照料就无法生活的人,可有一人不服徭役。为父母守丧,三年不服役。服齐衰或大功之丧的,三月不服徭役。即将迁居到诸侯国采地的人,三月不服徭役。从其他诸侯国迁来定居的,一年不服徭役。

40. 少而无父者谓之孤,老而无子者谓之独,老而无妻者谓之矜①,老而无夫者谓之寡。此四者,天民之穷而无告者也,皆有常饩②。

【注释】

①矜(guān):亦作"鳏"。

②饩(xì):粮食。

【译文】

年幼而没有父亲的人叫作"孤",年老而没有儿子的人叫作"独",年老而没有妻子的人叫作"矜",年老而没有丈夫的人叫作"寡"。这四种人,是人民中困乏而无处可投诉的人,都要定期供应粮食。

41. 瘖、聋、跛、躃、断者、侏儒①,百工各以其器食之。

【注释】

①躃(bì):亦作"躄",足不能行。

【译文】

哑巴、聋子、瘸子、不能行走的人、四肢断残的人、天生特别矮小的人,各种工匠都以各自的技能供养他们。

42. 道路,男子由右,妇人由左,车从中央。父之齿随行,兄之齿雁行,朋友不相逾。轻任并①,重任分,班白者不提挈②。君子耆老不徒行③,庶人耆老不徒食。大夫祭器不假。祭器未成,不造燕器。

【注释】

①任:指有担负的人。

②班白者:指头发斑白的老人。班,通"斑"。挈(qiè):提。

③君子:与下文"庶人"相对。孙希旦《礼记集解》认为是指大夫与士。

【译文】

在道路上行走时,男子从右边走,妇女从左边走,车辆从中间行驶。与父亲年龄相当的人同行,应跟随在他后方;与兄长年龄相当的人同行,应该如雁行一样并行而稍后;与朋友同行,并肩而走不超越抢先。两个各有担负的人同行,如果两人担负都轻,就合在一起由比较年轻的人挑担;若两人担负都重,则各自挑担,由比较年轻的人挑重的,年长的人挑轻的;头发斑白的老人不提着东西走路。年老的大夫、士不徒步走路,年老的庶人吃饭要有肉。大夫应自备祭祀用器而不向他人借用。祭器未制成之前,不制造生活用器。

43. 方一里者为田九百亩^①。方十里者为方一里者百，为田九万亩。方百里者为方十里者百，为田九十亿亩^②。方千里者为方百里者百，为田九万亿亩。

【注释】

①方一里：指面积边长为一里。

②亿：相当于汉代的十万。

【译文】

一里见方的土地可以划分田地九百亩。十里见方的土地是一里见方的一百倍，可以划分田地九万亩。一百里见方的土地是十里见方的百倍，可以划分田地九十万亩。一千里见方的土地是一百里见方的百倍，可以划分田地九百万亩。

44. 古者以周尺八尺为步，今以周尺六尺四寸为步^①。古者百亩，当今东田百四十六亩三十步。古者百里，当今百二十一里六十步四尺二寸二分。

【注释】

①今：指汉代。下同。

【译文】

古时候以周尺的八尺为一步，现代则是以周尺的六尺四寸为一步。古时候田地百亩，相当现代东方齐鲁一带田地的一百四十六亩三十步。古时候的一百里，相当现代一百二十一里六十步四尺二寸二分。

45. 六礼：冠、昏、丧、祭、乡、相见。七教：父子、兄弟、夫妇、君臣、长幼、朋友、宾客。八政：饮食、衣服、事为、异别、度、量、数、制^①。

【注释】

①异别：指五方用器各不相同。度：丈尺等长度单位。量：斗斛等容量
　单位。数：百十等计数单位。

【译文】

　　六礼：是指冠礼、婚礼、丧礼、祭礼、乡饮酒礼及乡射礼、相见礼。
七教：是指父子、兄弟、夫妇、君臣、长幼、朋友、宾客等人际关系的教
育。八政：是指饮食、衣服、百工技艺、各类用器、长度单位、容量单位、
计数单位、布帛规格等八方面的制度规定。

礼 运

【题解】

郑玄《礼记目录》云:"名曰'礼运'者,以其记五帝三王相变易,阴阳转旋之道。"

"运"是运行的意思,本篇论礼的源流与运行、运用,因此称为"礼运"。本篇由孔子答言偃问的形式,论述五帝三王的"大同"、"小康"之治,提出礼的起源、发展、演变至完善的过程,探讨圣王制礼的原则,批评周末礼衰、天子诸侯违礼失政,进一步论述礼在治国安民的重要作用,同时指出人与天地、阴阳、鬼神、五行的密切关系。

本篇《礼运第九》,选释2小节,即对"大同"与"小康"社会的论述。作者认为,"天下为公"的"大同"社会是一个"人不独亲其亲,不独子其子,使老有所终,壮有所用,幼有所长,矜寡孤独废疾者,皆有所养"的理想社会;而在大道既隐之后,"天下为家,各亲其亲,各子其子,货力为己",因而需要推行礼义,摆正君臣、父子、兄弟、夫妇关系,设立制度,这就是"小康"社会。

1. 昔者仲尼与于蜡宾①,事毕,出游于观之上②,喟然而叹。仲尼之叹,盖叹鲁也。言偃在侧曰③:"君子何叹?"孔子曰:"大道之行也④,与三代之英⑤,丘未之逮也,而有志焉⑥。大道之行也,天下为公。选贤与能⑦,讲信修睦,故人不独亲其亲,不独子其子,使老有所终,壮有所用,幼有所长,矜寡孤独废疾者⑧,皆有所养。男有分⑨,女有归⑩。货,恶其弃于地也,不必藏于己;力,恶其不出于身也,不必为己。是故谋闭而不兴,盗窃乱贼而不作,故外户而不闭。是谓大同。"

【注释】

①蜡(zhà)宾:蜡祭的助祭之宾。蜡,祭名。据《仪礼·郊特牲》,蜡祭

在每年十二月举行，合祭百神。宾，助祭者。当时孔子在鲁国居官，在助祭者之列。

②观(guàn)：或称"阙"，或台。

③言偃：孔子弟子，姓言名偃，字子游。

④大道之行：指能够遵行非常广大的道的五帝时代。"五帝"历来有不同说法，《史记·五帝本纪》为轩辕黄帝、颛顼、帝喾、尧、舜。

⑤英：指才德出众的人，即下文所说禹、汤、文、武、成王、周公。

⑥志：识，指记载。

⑦与(jǔ)：通"举"。《大戴礼记·主言》作"选贤举能"。

⑧矜(guān)：同"鳏"。

⑨分(fèn)：职分，职业。

⑩归：女嫁曰"归"。

【译文】

以前仲尼参与鲁国蜡祭的宾，祭事结束后，他外出游览，登于门楼之上，不禁叹息。仲尼的叹息，大抵是为鲁国而发的。当时言偃在旁，说："君子为什么叹息？"孔子说："五帝时期是大道施行的时代，三代时英明的君臣，我都没能赶得上，但古书记载了当时的情况。大道施行的时代，天下为人民公有。选拔有德行的贤人、举荐有道德的能人，讲求诚信、修行和睦，所以人民不只是孝敬自己的双亲，不只是慈爱自己的子女，而是使老年人可以颐养天年，使壮年人可以发挥所能，使幼年人能健康地成长，鳏夫或寡妇、孤儿或无后者、残废或生病的人，都可以得到照顾与供养。使男子各有职业，使女子出嫁各有归属。财货，厌恶它被任意抛弃在地上，却不必只是自己想占有收藏；力气，厌恶自己有能力却没有用出来，尽力却不必只是为自己。因此，阴谋被堵住了，没有人搞了，盗窃、作乱、贼杀都不会发生，所以家家户户大门可以不关闭。这就叫作'大同社会'。"

2."今大道既隐，天下为家，各亲其亲，各子其子，货力为己，大人世及以为礼①。城郭沟池以为固，礼义以为纪；以正君臣，以笃父子，以睦兄弟，以和夫妇，以设制度，以立田里，以贤勇知。以功为己，故谋用是作，而兵由此起。禹、汤、文、武、成王、周公，由此其选也②。此六君子者，未有不谨于礼者也。以著其义，以考其信，著有过，刑仁讲让，示民有常。如有不由此者，在势者去，众以为殃。是谓小康。"

【注释】

①大人：指诸侯。世及：诸侯传位，父子相传为世，兄弟相传为及，即世袭制度。

②由：用。选：英才。

【译文】

"而今大道已衰微不行，天下成了一家所有。人们各自孝敬自己的双亲，各自慈爱自己的子女，财货人力都只为了自己，诸侯世袭相承成为礼制。修筑城郭沟池以防守，将礼义视为纲纪；以此端正君臣关系，以加深父子关系，以和睦兄弟关系，以调和夫妻关系，以设立制度规章，以划分田土宅里，以尊敬勇士与智者。由于成就功业都是为了自己，因此阴谋也就产生了，而战争也由此而发生。禹、汤、文、武、成王、周公，都是用礼义来治国的英才。这六君子，没有不谨慎实行礼制的人。透过礼制以彰显道义，以成就诚信，以明察过失，以仁为模范且讲求谦让，向人民昭示治国的常法。如果有不遵行礼义的，在位者就会因罪而被黜退，百姓会认为这是祸害。这就叫作'小康社会'。"

学　记

【题解】

郑玄《礼记目录》云："名曰'学记'者，以其记人学、教之义。"

本篇所谓的"学"，意涵相当丰富，有教导、学习、学校、教育等不同意义。郑玄认为此篇内容乃记载人们学习与教育的意义；朱熹《仪礼经传通解》更具体指出，本篇是谈古代学校教人、传道、授业的顺序以及教育得失与兴废的原由，因此称为"学记"。

本篇是相当完整而且成熟的教育论著，开宗明义便提出了化民成俗的教育意义，也指出教学相长的重要观念，并提供教育者具体可行的教学方法——预防、适时、循序、观摩，尤其重视导引启发学生，而非一味强迫学生记诵；同时又从教育者与学习者的角度各自谈论有关的学习原则。本篇论述的时代背景虽然距今久远，但放诸今日，仍具有相当高的参考价值。

本篇《学记第十八》，全篇选释。

1. 发虑宪①，求善良，足以谀闻②，不足以动众。就贤体远，足以动众，未足以化民。君子如欲化民成俗，其必由学乎！

【注释】

①宪：法。

②谀（xiǎo）：小。闻（wèn）：声誉，名声。

【译文】

思想符合法则，招徕善良之士，能博取小名声，不足以感动大众。亲近贤人、体恤远方的臣民，能感动大众，不足以教化人民。君子如果想要教化人民并形成良好的风俗，就必须从办学校、兴教育入手。

2. 玉不琢，不成器；人不学，不知道。是故古之王者建国君民,教学为先。《兑命》曰①:"念终始,典于学②。"其此之谓乎!

【注释】

①《兑(yuè)命》:"兑命"当作"说命",《尚书》佚篇名。郑注:"高宗梦傅说,求而得之,作《说命》三篇,在《尚书》,今亡。"今《伪古文尚书》有《说命》上、中、下三篇,不可信。

②典:常。

【译文】

玉不雕琢,就不能成为有用的器物;人不学习,就不能知晓道理。所以古代的君王建立国家、治理人民,以兴办教育为先。《说命》说:"自始至终,常常都惦记着致力于学习。"就是这个意思吧!

3. 虽有嘉肴,弗食,不知其旨也;虽有至道,弗学,不知其善也。是故学然后知不足,教然后知困。知不足,然后能自反也;知困,然后能自强也。故曰:教学相长也。《兑命》曰①:"学学半②。"其此之谓乎。

【注释】

①兑命:参上节注①。

②学(xiào)学半:教与学,各获益一半。上"学"字,即"敩",教。

【译文】

虽有美食佳肴,不亲口一吃,不知道它的美味;虽有深刻的道理,不亲自一学,不明白它好在哪里。所以,学习之后才知道自己的不足,教人之后才发觉自己的困惑。知道自己不足,然后才能够反省自己;发觉自己的困惑,然后才能发愤图强。所以说:教与学是相互促进的。《说命》说:"教与学,各获益一半。"说的就是这个意思吧!

4. 古之教者,家有塾①,党有庠②,术有序③,国有学。比年入学④,中年考校。一年视离经辨志,三年视敬业乐群,五年视博习亲师,七年视论学取友,谓之小成。九年知类通达,强立而不反，谓之大成。夫然后足以化民易俗，近者说服而远者怀之，此大学之道也。《记》曰⑤："蛾子时术之⑥。"其此之谓乎。

【注释】

①塾：与下列"庠"、"序"、"学"皆古代学校名。据孔疏，古代二十五家为闾，同在一巷，巷首有门，门边有塾，居民子弟受教于塾。

②党：据《周礼·地官·大司徒》，五百家为党。党属于乡。

③术：郑注说，当为"遂"。据《周礼·地官·大司徒》，一万二千五百家为遂。遂在远郊。

④比（bǐ）年：每一年。

⑤《记》：孔疏："旧人之记先有此语，记礼者引旧记之言。"

⑥蛾（yǐ）子时术之：旧注说，蚂蚁不停地衔土，最终垒成了土丘。蛾，蚂蚁。

【译文】

古代的教育，二十五家的闾有塾，五百家的党有庠，一万二千五百家的遂有序，天子、诸侯的国都有学。每年有新生入学，隔一年考核一次。入学一年后，考核句读能力并辨别学习兴趣的方向；入学三年后，考核是否专心课业且善于合群；入学五年后，考核是否精专广博且敬爱师长；入学七年后，考核讲论学问及识人交友的能力；完成七年学习，通过考核，称为"小成"。入学九年后，知道触类旁通，能独立、有原则而不违反师教，称为"大成"。学业大成后，就足以教化人民、改变风俗，使亲近的人心悦诚服，而远方的人都来归附。这就是大学之道。《记》说："蚂蚁不停地衔土，终于垒成了土堆。"说的就是这个意思吧！

5. 大学始教，皮弁祭菜①，示敬道也。《宵雅》肄三②，官其始也③。入学鼓箧④，孙其业也⑤。夏、楚二物⑥，收其威也。未卜禘不视学⑦，游其志也⑧。时观而弗语，存其心也。幼者听而弗问，学不躐等也⑨。此七者，教之大伦也。《记》曰："凡学，官先事，士先志。"其此之谓乎。

【注释】

①皮弁:即皮弁服,一种礼服名。祭菜:释菜礼,将菜置放在先圣、先师的神位前进行祭祀典礼。

②《宵雅》:即《小雅》。宵,通"小"。肄三:学习三篇诗歌。郑注说是《鹿鸣》、《四牡》、《皇皇者华》三篇。肄,习。

③官其始:劝诱初学学生立志任官事上。郑注认为,安排学生学习《小雅》这三篇诗歌,都属于君臣宴乐、犒劳辛苦的内容,可以劝诱学生为事上的意愿。

④鼓箧:一种入学的仪式。开学时,大胥之官击鼓以召集学生,到齐后,打开书箱,取出书籍。

⑤孙(xùn):通"逊",敬顺。

⑥夏、楚:两种教鞭,夏是用榎木制作的,楚是用荆条制作的。

⑦视学:孔疏谓即考校评判优劣。

⑧游:优游从容。

⑨躐(liè):超越。

【译文】

大学开学时,穿着皮弁服,在先圣先师神位前祭菜,表示敬重师道。诵习《小雅》中的三篇诗歌,这是为了诱导学生在开始学习时就立志做官事奉君王。入学时,击鼓召集学生,打开书箱取出书籍,使学生敬顺学业。使用夏、楚两种教鞭威慑违规的学生,收敛他们的气势。天子、诸侯没有经过占卜举行禘祭,不到学校视察考核,使学生志意从容宽松,学习不会紧迫急切。教师注意观察学生,却不事事叮咛,让学生动脑筋、存疑问,培养独立思考的能力。年幼的学生只听讲而不随意提问,因为学习不能逾越等级。这七项,就是教学的大纲。《记》说:"凡是学习,学做官就先学为官之事,学做士就先学学士之志。"说的就是这个意思吧!

6. 大学之教也,时教必有正业①,退息必有居学②。不学操缦③,不能安弦;不学博依④,不能安《诗》;不学杂服⑤,不能安礼;不兴其艺,不能乐学。故君子之于学也,藏焉,修焉,息焉,游焉。夫然,故安其学而亲其师,乐其友而信其道。是以虽离师辅而不反⑥。《兑命》曰:"敬孙务时敏⑦,厥修乃来⑧。"

其此之谓乎！

【注释】

①时教：因时施教。正业：孔疏说，即先王正典，而非诸子百家。朱熹将"时"字属上句，读为"大学之教也时"，认为即春夏读礼乐，秋冬读诗书。

②居学：指居家休息时的辅助性的学习。以下"安弦"、"博依"、"杂服"、"兴艺"等，都是"居学"的内容。

③操缦：操弄琴弦。缦，弦索。

④博依：广博的譬喻。《诗》善用比兴的写作手法，读者必须博学多闻，知道天地万物草木、鸟兽、虫鱼之事，才能理解《诗》的内在意涵。

⑤杂服：据郑注，指各种弁冕、服饰。

⑥辅：指朋友。

⑦孙（xùn）：通"逊"。

⑧厥：其。修：修正业，指修业的成果。

【译文】

　　大学的教学，要因时施教安排授课内容，教学内容必是先王的正典，课后休息必有各种在居所的学习。不学拨弄琴弦的指法，就不能把琴弹好；不广博地学习比兴比喻，就不能真正领会理解《诗》义；不学习各种服饰弁冕知识，就不能很好操持执行礼典礼仪；不喜好精深博雅的技艺，就不能有乐趣地学习。所以，君子对于学习这件事，时刻怀藏着学习的心愿，不断地研修肄习，休息时不忘学习，游乐时也不忘学习。这样一来，才能安心学习并亲近师长，快乐地与朋友交往，而信奉所学的道理。所以，即使离开师友也不会违反所学的道理。《说命》说："敬重道义，谦逊问学，努力学习，时刻学习，尽快实行，那修业的成果才会到来。"说的就是这个意思吧！

7. 今之教者，呻其佔毕①，多其讯言②，及于数进③，而不顾其安④，使人不由其诚⑤，教人不尽其材。其施之也悖，其求之也佛⑥。夫然，故隐其学而疾其师，苦其难而不知其益也，虽终其业，其去之必速。教之不刑⑦，其此之由乎！

【注释】

①呻其佔(shān)毕:指教师不懂经义,只会照本宣科吟读简册,而无法
　　为学生诠释义理。佔毕,简册。佔,通"笘"。

②讯:王引之说,应读为"谇"。"多其谇言",即多其告语,指不等学生
　　自己思考领悟,就告诉学生。

③及于数进:汲汲于求速进。及,通"汲",汲汲。数,读为"速"。

④安:通晓。

⑤使人:即教人。

⑥佛:通"拂",乖戾。

⑦刑:成功。

【译文】

　　今天的教师,只知道照本宣科拿着简册吟读,不等学生自己思考
领悟就生硬灌输,急急忙忙只求进度,而不管学生是不是真的通晓道
理,教授学生不是诚心诚意的,给学生传授知识也有所保留。教师施
教就违背常理,学生求学也拂逆。正因如此,所以学生厌恶学习而且
痛恨自己的教师,畏惧学习,感到痛苦,而不知道学习的好处。即使完
成了学业,也必然很快地会忘掉学过的东西。教育之所以不能成功,
应该就是这个原因吧!

8. 大学之法,禁于未发之谓豫①,当其可之谓时,不陵节
而施之谓孙②,相观而善之谓摩。此四者,教之所由兴也。

【注释】

①豫:预备,预防。

②陵节:超越阶段。孙(xùn):通"逊",顺也。

【译文】

　　大学教育的方法是,在邪念未萌发之时就加以防止,这叫作"预
防";在可以接受教育之时就加以教育,这叫作"适时";不超越阶段而
循序渐进地施教,这叫作"顺序";互相观察而学习别人的优点,这叫作
"观摩"。这四项,是教育之所以能兴盛的方法。

9. 发然后禁,则扞格而不胜①;时过然后学,则勤苦而难

成;杂施而不孙,则坏乱而不修;独学而无友,则孤陋而寡闻;燕朋逆其师②;燕辟废其学③。此六者,教之所由废也。

【注释】

①扞(hàn)格:抵触。

②燕:轻慢。

③燕辟:郑注云:"亵师之譬喻。"

【译文】

　　在邪念萌发后才加以禁止,就抵触抗拒而不能战胜邪念;在过了应当学习的年纪之后才学习,就会劳累辛苦而难有成效;教学杂乱而不依顺序,就搞乱搞坏了教学体系而无法治理;独自学习而没有朋友相互交流切磋,就会孤陋寡闻;轻慢朋友就会违背师教;轻慢老师教学的训喻,就会荒废学业。这六项,是教育之所以会失败的原因。

10. 君子既知教之所由兴,又知教之所由废,然后可以为人师也。故君子之教喻也,道而弗牵①,强而弗抑②,开而弗达。道而弗牵则和,强而弗抑则易,开而弗达则思。和易以思,可谓善喻矣。

【注释】

①道(dǎo):导引。下同。

②强(qiǎng):劝勉。

【译文】

　　君子已经知道教育之所以兴盛的方法,又知道教育之所以失败的原因,然后就可以为人师表了。所以君子教育学生时,引导而不牵制,劝勉而不压抑,启发思考而不说尽。引导而不牵制能使师生关系融洽,劝勉而不压抑能使学生学习时容易接受,启发而不说尽能使学生思考。使学生和顺,易于领会接受,又能独立思考,这就称得上善于教谕的了。

11. 学者有四失,教者必知之。人之学也,或失则多,或

失则寡,或失则易,或失则止①。此四者,心之莫同也。知其
心,然后能救其失也。教也者,长善而救其失者也。

【注释】

① 止:指学者尚未知晓通透道理,却不肯请教谘问,以为自己所想的即
　　是结论,孔疏认为,这种缺失在于自我阻碍,犯了"思而不学则殆"的
　　毛病。

【译文】

　　学生容易产生四种过失,教师必须了解。人们学习时,有的失于
贪婪求多,有的失于孤陋寡闻,有的失于肤浅而不知深究,有的失于自
以为是而固步自封。这四项过失的产生,各自的心理是不同的。教师
必须知道他们的心理,然后才能纠正他们的过失。教育,就是让学生
发挥所长,并纠正他们的过失。

12. 善歌者,使人继其声;善教者,使人继其志。其言也
约而达,微而臧①,罕譬而喻,可谓继志矣。

【注释】

① 臧(zāng):善也。

【译文】

　　善于唱歌的人,能使人感动而不知不觉地跟着唱;善于教育的人,
能使人听懂了他讲的道理、继承他的志向。言语简约而通达,精微而
妙善,少用譬喻而意义明白,能够做到这几点的,就称得上是能使人继
承志向的人。

13. 君子知至学之难易,而知其美恶,然后能博喻,能博
喻然后能为师;能为师然后能为长,能为长然后能为君。故
师也者,所以学为君也。是故择师不可不慎也。《记》曰:"三
王四代唯其师①。"此之谓乎!

【注释】

①三王：夏、殷、周三代之王。四代：三代加虞。

【译文】

君子知道到达学问之路的难易，而且知道学生的素质有好有坏，然后能广用比喻、因材施教。能广用比喻、因材施教，然后才能为人师表；能为人师表，然后才能做官长，能做官长，然后才能做国君。所以，跟着老师学习，就是在学习做国君。因此，选择老师不可不慎重。《记》说："三王、四代都是以老师为重。"说的就是这个意思吧！

14. 凡学之道，严师为难①。师严然后道尊，道尊然后民知敬学。是故君之所不臣于其臣者二：当其为尸，则弗臣也；当其为师，则弗臣也。大学之礼，虽诏于天子②，无北面，所以尊师也。

【注释】

①严：尊敬。

②诏：教。

【译文】

凡学习之道，最难的就是尊敬老师。老师受到尊敬，然后道才会受到尊重；道受到尊重，然后人民才知道认真学习。因此，国君不把臣子当作臣子看待，只有两种情况：一种是当臣子担任祭祀的尸时，就不敢把他看作是臣子。另一种是当臣子是自己的老师时，就不敢把他看作是臣子。大学的礼仪，虽然是给天子讲学，老师不必面向北方表示居臣位，就是为了表示尊敬老师。

15. 善学者，师逸而功倍，又从而庸之①。不善学者，师勤而功半，又从而怨之。善问者，如攻坚木，先其易者，后其节目，及其久也，相说以解②；不善问者反此。善待问者，如撞钟，叩之以小者则小鸣，叩之以大者则大鸣，待其从容，然后尽其声。不善答问者反此。此皆进学之道也。

【注释】

①庸:功劳。

②说(tuō):通"脱",解脱。

【译文】

　　善于学习的人,老师轻松而效果加倍,学生又从而归功于老师。不善于学习的人,老师辛勤而效果减半,学生又从而埋怨老师。善于发问的人,好比攻治坚硬的木材,要先从容易的部位开始,然后再砍伐坚硬的关节处,等到时间久了,木材就可以分解了;不善于发问的人正与此相反。善于回答问题的人,好比撞钟,小力地敲打钟声就小,用力地敲打钟声就大,让钟声从容不迫地发出回响,然后渐渐鸣响完。不善于回答问题的正与此相反。这都是推进学习的方法。

16. 记问之学,不足以为人师。必也其听语乎!力不能问,然后语之;语之而不知,虽舍之可也。

【译文】

　　只靠预先记诵书中的资料来给学生讲授的,不足以成为老师。必须是要听了学生发问后才加以解答吧!如果学生有疑惑却没有发问的能力,他才主动为学生解惑;如果为学生讲解了而学生仍然无法理解,先搁置一旁,以后再讲解也是可以的。

17. 良冶之子必学为裘①;良弓之子必学为箕②;始驾马者反之③,车在马前。君子察于此三者,可以有志于学矣。

【注释】

①冶:冶铸。为裘:以兽皮缝缀裘衣,把一片片的兽皮拼合成皮衣。

②为箕:畚箕必须弯曲柳条编制。本节前两句,李调元《礼记补注》认为,虽然冶铸与缝制裘衣、制弓与编制簸箕,表面上是不相关的事,但方法与道理却是可以借鉴学习的,作者是借此说明"学者贵于善悟也",也就是举一反三的学习之道。

③始驾马:初学驾车的幼马。反之:据孔疏,指由大马驾车在前,而习

驾的小马系在车后,一反大马驾车的常态,主要是为了让未曾驾车的小马免于因惊恐而奔驰。

【译文】

　　优秀的冶铸工之子,一定要学习缝制裘衣;优秀的制弓匠之子,一定要学习编制畚箕;刚开始学习驾车的幼马,与大马驾车的位置正相反,大车行在幼马前。君子明白了这三件事的道理后,就可以触类旁通,立志向学了。

　　18. 古之学者,比物丑类①。鼓无当于五声②,五声弗得不和;水无当于五色③,五色弗得不章;学无当于五官④,五官弗得不治;师无当于五服⑤,五服弗得不亲。

【注释】

①比物丑类:指排比并列各类事物。丑,郑注:"犹比也。"

②当:主也。五声:宫、商、角、徵、羽。

③五色:青、赤、黄、白、黑。

④五官:据《曲礼下》14节,指司徒、司马、司空、司士、司寇。这里泛指政府各级官吏。

⑤五服:指斩衰、齐衰、大功、小功、缌麻五种丧服。这是按照与死者的亲疏关系确定的穿着丧服的规格、服丧时间长短、服丧内容的丧礼制度。

【译文】

　　古代的学者,喜欢排比并列各类事物。鼓,本不是五声中的一项,而五声没有鼓的调节就不能和谐;水,本不是五色中的一项,而绘画时若没有水的调和,五色就无法彰显色彩;学,本不是五官中的一项,而五官若不通过学,就无法学习治理之道;老师,本不在五服之中,而五服之内的亲属不通过老师教导,就不知道应当怎样相亲近。

　　19. 君子曰:"大德不官,大道不器,大信不约,大时不齐。察于此四者,可以有志于学矣。"

【译文】

　　君子说："最大的德性不局限于任何官职,最高的道理不拘泥于任何器用,最大的诚信不必符券约束,最要紧的天时不会将万物消长、荣枯、兴衰整齐划一。明白了这四项,就可以有志向学了。"

20. 三王之祭川也,皆先河而后海,或源也①,或委也②。此之谓务本。

【注释】

①源:据孔疏,指河。
②委:据孔疏,指海。

【译文】

　　夏、商、周三代君王祭祀河川,都先祭河再祭海,河是源头,海是众水所汇聚。这就叫作"务求根本"。

乐 记

【题解】

郑玄《礼记目录》云："名曰'乐记'者,以其记乐之义。"

本篇所谓的"乐"不同于今天的音乐,它包含音乐、舞蹈(或兼诗歌)的表现形式。记文主要阐述乐的形成与功能,并论述礼乐的关系及影响等,因此题为"乐记",是中国最早的音乐理论著作。刘向《别录》校书,得《乐记》二十三篇,今本《乐记第十九》乃将前十一篇合为一篇,各篇篇目及主旨为:一、乐本:论乐之起源,提出声、音、乐意义不同,并谈及乐的社会功能。二、乐论:论礼、乐之别,以及各自的社会功能。三、乐礼:论礼乐与社会、天地、自然之关系。四、乐施:论乐与统治者的德行及事功的关系、礼乐的教化功能。五、乐言:论乐对性情的影响,圣王制乐必须深思。六、乐象:论乐对思想情绪的影响及乐教意义,另及礼乐之教化功能。七、乐情:论乐与情的关系、礼与乐之区别及社会功能。八、魏文侯:论古乐与郑卫之音之别、德音与溺音之异。九、宾牟贾:论周乐舞《武》的舞蹈结构、内容及意义。十、乐化:论乐对修养及人伦的教化作用,以及先王制《雅》、《颂》的意义。十一、师乙:论人性情不同,各有所宜之歌,且歌舞乃喜悦的自然流露。

近十年来,由于郭店楚墓竹简《性自命出》与上海博物馆藏战国楚竹书《性情论》两篇先后面世,《乐记》再度引起学界的高度关注。学者指出,这两篇出土简文的部分内容,其根本思想与《乐记》一致,如人性乃感于物而生情,乐则足以陶冶性情,发挥教化的社会功能等。

本篇《乐记第十九》,选释 28 小节,分属《乐本》、《乐论》、《乐礼》、《乐施》、《乐言》、《乐象》。

1. 凡音之起①,由人心生也。人心之动,物使之然也。感于物而动,故形于声。声相应,故生变。变成方②,谓之音。比音而乐之,及干戚羽旄谓之乐③。

【注释】

①音:曲调。《乐记》中,"音"与"声"、"乐"相对,郑玄以为宫、商、角、
　徵、羽五音相杂调和谓之音,单出谓之声。

②方:声按照一定方式、形式排列组合,即曲调。

③干戚羽旄:跳舞时所持的四种舞具。干,盾。戚,斧形的器具。羽,
　雉羽。旄,旄牛尾。武舞执干盾,文舞执羽旄。本篇所谓"乐",正是
　音乐与舞蹈的结合。

【译文】

　　"音"的缘起,是从人心所产生的。人心的灵动,是外界事物触发
的结果。有感于外界事物而心动,所以用"声"表现出来。不同的声彼
此应和,所以产生变化。变化而成为一定形式,就称作"音"。排列这
些"音"而且配上乐器演奏,并手持干、戚、羽、旄跳舞,就称作"乐"。

2. 乐者,音之所由生也,其本在人心之感于物也。是故
其哀心感者,其声噍以杀①;其乐心感者,其声啴以缓②;其喜
心感者,其声发以散③;其怒心感者,其声粗以厉;其敬心感
者,其声直以廉;其爱心感者,其声和以柔。六者,非性也,感
于物而后动。是故先王慎所以感之者。故礼以道其志,乐以
和其声,政以一其行,刑以防其奸。礼乐刑政,其极一也,所
以同民心而出治道也。

【注释】

①噍(jiāo):急促。杀(shài):衰微。

②啴(chǎn):宽舒。

③发:扬。

【译文】

　　"乐",是从"音"产生的,它的根源在于人心感应外界的事物。因
此当哀伤的心有所感应时,发出的声音是急促而悒郁的;当欢乐的心
有所感应时,发出的声音是宽绰而舒缓的;当喜悦的心有所感应时,发
出的声音是开朗而自由的;当愤怒的心有所感应时,发出的声音是粗
暴而严厉的;当虔敬的心有所感应时,发出的声音是刚直而廉正的;当

爱慕的心有所感应时,发出的声音是和美而温柔的。这六种声音,并非天性,而是受到外界事物感动才发生的。因此前代先王对于能感动人的事物十分慎重。所以用礼制来引导人民的心志,用音乐来和同人民的声音,用政治来齐一人民的行止,用刑法来防止人民的奸邪。礼、乐、刑、政,它们终极目标是一致的,都是用来统一人民思想而使社会安定、天下大治的。

3. 凡音者,生人心者也①。情动于中,故形于声。声成文②,谓之音。是故治世之音安以乐,其政和。乱世之音怨以怒,其政乖③。亡国之音哀以思,其民困。声音之道,与政通矣。

【注释】

①生人心者也:本篇6节作"生于人心者也"。

②文:指文采,"成文"与第1节"成方"意同,合成为一定的形式,即曲调。

③乖:反常,不和谐。

【译文】

"音",是产生于人的内心的。感情在心中激宕,因此表现为声。声组合成一定形式的曲调,就称作"音"。所以治世之音安详而喜乐,表示政治和谐。乱世之音怨恨而愤怒,表示政治混乱。亡国之音悲哀而忧郁,表示人民困苦。声音的道理,与政治是相通的。

4. 宫为君,商为臣,角为民,徵为事,羽为物①,五者不乱,则无怗懘之音矣②。宫乱则荒,其君骄;商乱则陂③,其官坏;角乱则忧,其民怨;徵乱则哀,其事勤;羽乱则危,其财匮。五者皆乱,迭相陵④,谓之慢,如此则国之灭亡无日矣。

【注释】

①宫、商、角、徵(zhǐ)、羽:我国古代五声音阶中的五个音级相当于简谱中的1、2、3、5、6,称为"五音"或"五声"。这里的宫、商、角、徵、羽,

　　不是指五个单音,而是曲调的调式。

②怗懘(zhānchì):敝败不和。

③陂(bì):倾。

④迭(dié):互。

【译文】

　　宫是君,商是臣,角是民,徵是事,羽是物。宫、商、角、徵、羽,五种调式都不混乱,就不会有不和谐的声音了。宫调混乱,音调就散漫,象征君主骄纵;商调混乱,音调就倾颓,象征吏治腐败;角调混乱,音调就忧郁,象征人民怨恨;徵调混乱,音调就哀伤,象征役事劳苦;羽调混乱,音调就危殆,象征财用匮乏。五种调式都发生混乱,彼此侵凌干犯,就叫做"慢"。如此,国家灭亡的日子也就不远了。

5. 郑、卫之音①,乱世之音也,比于慢矣。桑间濮上之音②,亡国之音也,其政散,其民流③,诬上行私而不可止也。

【注释】

①郑、卫之音:指春秋时期郑、卫两地的音乐。孔子以为"郑声淫"(《论语·卫灵公》),而且"恶郑声之乱雅乐"(《论语·阳货》);又本篇记子夏的批评更为具体,子夏认为郑、卫之音皆属陷溺人心的"溺音":"郑音好滥淫志"、"卫音趋数烦志"。此外,战国中晚期的出土文献,对郑、卫之音的观感亦同,郭店楚墓竹简《性自命出》、上海博物馆所藏战国楚竹书《性情论》皆作:"郑、卫之乐,则非其声而纵之也。"谓郑、卫之间的音乐皆非雅正之声,而是放纵不知节制之音,与传世文献可互相印证。

②桑间濮上之音:濮水之上有桑间,属卫地。据《史记·乐书》,卫灵公访问晋国,在濮水之上听到一首乐曲,命乐师师涓记下。到了晋国,师涓为晋平公献奏,曲未终了,晋平公乐师师旷即按住乐器,制止师涓继续演奏。平公不知何故,师旷答说,那乐曲是殷纣王乐师师延为纣王作的靡靡之音,武王伐纣,师延投濮水自尽,那是亡国之音。《史记·乐书》正义、《韩非子·十过》也有类似记载,可参看。

③流:放纵,不受约束。

【译文】

郑、卫两地的音乐,是乱世之音,已接近于"慢"了。桑间濮上的音乐,是亡国之音,它象征着政教散乱,人民放纵,臣下犯上欺上、图谋私利而无法遏止。

6. 凡音者,生于人心者也;乐者,通伦理者也。是故知声而不知音者,禽兽是也;知音而不知乐者,众庶是也。唯君子为能知乐。是故审声以知音①,审音以知乐,审乐以知政,而治道备矣。是故不知声者不可与言音,不知音者不可与言乐。知乐,则几于礼矣②。礼乐皆得,谓之有德。德者,得也。是故乐之隆,非极音也;食飨之礼③,非致味也。《清庙》之瑟④,朱弦而疏越⑤,一倡而三叹,有遗音者矣。大飨之礼⑥,尚玄酒而俎腥鱼⑦,大羹不和⑧,有遗味者矣。是故先王之制礼乐也,非以极口腹耳目之欲也,将以教民平好恶而反人道之正也⑨。

【注释】

①审:审察,研究。

②几:接近。

③食(sì)飨(xiǎng)之礼:食礼和飨礼,古代招待宾客及宗庙祭祀的礼仪,具体仪式仪节已不得而知。

④《清庙》:《诗经·周颂》篇名。周人祭祀先祖文王时演奏的乐章。

⑤朱弦:即"练朱弦",指弹奏的琴弦是经过练制并染红的。古代以水煮生丝叫做"练",经过练制的琴弦,声音较低沉稳重,符合宗庙音乐的需求。疏:通。越:瑟底孔。战国早期曾侯乙墓出土漆瑟,瑟底板前后两端各有一个椭圆形孔,即"越"。孔疏引熊氏说"瑟两头有孔",出土实物正相合。该孔有调节琴音的作用,孔小则声急促,孔大则声舒迟。

⑥大飨之礼:合祭先王的祭礼。

⑦玄酒:指水,在祭礼中以水当酒。腥鱼:生鱼。

⑧大羹:不调以盐、菜的肉汁。

⑨平好恶：据孔疏即"均平好恶"，节制、调节好恶之情。

【译文】

"音"，产生于人的内心；"乐"，是可以通达人事伦理的。因此，禽兽只懂得"声"而不懂得"音"；庶民大众只懂得"音"而不懂得"乐"。唯有君子是能够懂得"乐"的。因此，从审察"声"而懂得"音"，从审察"音"而懂得"乐"，从审察"乐"而懂得政治，这样，治理国家的道理就完备了。不懂何谓"声"的人，就不能与他讨论"音"；不懂何谓"音"的人，就不能与他讨论"乐"。懂得了"乐"，就接近于懂得礼了。礼、乐都懂，都有心得，称之为"有德"。德，就是有得于礼乐。所以，乐的规模盛大隆重，不是为穷极地满足对音乐欣赏；举行食飨之礼，不是为穷极地满足对美味的享受。伴奏《清庙》乐章的瑟，拨着红色的弦，疏通琴底的调音孔，一人领唱，三人应和咏叹，形式简朴但余音袅袅。大飨之礼，将实为清水的玄酒放在上位，俎上摆置的是未经烹调的生鱼，肉汁里不用盐、菜调和，食物简单却余味无穷。所以，先王制礼作乐，并不是用以穷极口腹耳目等感官的欲望，而是用以教导人民节制欲望、平衡好恶，进而归返人性的正道。

7. 人生而静①，天之性也；感于物而动，性之欲也。物至知知②，然后好恶形焉。好恶无节于内，知诱于外，不能反躬，天理灭矣③。夫物之感人无穷，而人之好恶无节，则是物至而人化物也④。人化物也者，灭天理而穷人欲者也。于是有悖逆诈伪之心，有淫泆作乱之事。是故，强者胁弱，众者暴寡，知者诈愚，勇者苦怯，疾病不养，老幼孤独不得其所，此大乱之道也。

【注释】

①静：平静，指人初生时没有外物的影响，还没有情感、欲望的躁动。

②知(zhì)知：前"知"同"智"，指心智；后"知"为感知、知晓。

③天理：上天之理，犹天性，指天所决定的人的本性，即天赋善性。

④人化物：人化于物，即人天赋的善性受外物影响而异化。

【译文】

　　人生之初是平静的，没有情欲的躁动，这是天赋的本性；感受到外物影响而心动，这是人的本性产生的欲求。外物来到，人性的"智"便不断地感知它，然后内心就表现出好恶。如果好恶在内心无法制约，"智"又被外物诱惑，不能回到自身初生时平静的本性，天理就泯灭了。外物对人的影响是无穷尽的，倘若人的内心好恶没有节制，这样，随着外物的到来，人就渐渐被物化了。人被物化，就会泯灭天理而穷尽欲求。于是就有了悖乱叛逆、狡诈虚伪之心，有了骄纵淫逸、为非作乱之事。所以，强者胁迫弱者，多数欺侮少数，聪明人欺骗愚钝者，胆大的凌辱胆小的，有病的人无法治病疗养，老人、幼童、丧父的孤儿、丧子的独身老人，都找不到安置之所，这是导致国家社会大乱之道。

8. 是故先王之制礼乐，人为之节。衰麻哭泣①，所以节丧纪也②；钟鼓干戚，所以和安乐也；昏姻冠笄③，所以别男女也；射乡食飨④，所以正交接也。礼节民心，乐和民声，政以行之，刑以防之。礼乐刑政，四达而不悖，则王道备矣。

【注释】

①衰（cuī）麻：指丧服，用粗麻布制成。丧礼规定，死者亲属按照亲疏远近关系要穿着斩衰、齐衰、大功、小功、缌麻等不同的丧服，服丧时间各不相同，并须严格遵守相关的规定。哭泣：指丧礼中各种有关哭泣的规定。

②丧纪：丧事。

③昏姻：即"婚姻"。昏，同"婚"。冠笄（jī）：指男女的成年礼。古代男子二十而冠（加冠），行冠礼，取字，许婚；女子十五而笄（加笄），行笄礼，许嫁。笄，簪子。

④射：大射礼。乡：乡饮酒礼，举行射礼时饮酒为礼。

【译文】

　　所以，先代君王制礼作乐，使人以此节制自己。如制定丧服与哭泣的礼仪，这是用来节制丧事的；制定钟鼓干戚乐舞礼制，这是用来调和安乐的；制定婚礼、冠礼、笄礼，这是用来区别男女的；制定射礼、乡饮酒礼、食礼、飨礼，这是用来规范交际的。礼可以节制民心，乐可以和合民声,政可以推行国政,刑可以防止奸邪。礼、乐、刑、政,通达于四方而不悖乱,这样王道之治就完备了。

9. 乐者为同,礼者为异。同则相亲,异则相敬。乐胜则流①,礼胜则离②。合情饰貌者③,礼乐之事也。礼义立④,则贵贱等矣;乐文同⑤,则上下和矣。好恶着,则贤不肖别矣。刑禁暴,爵举贤,则政均矣。仁以爱之,义以正之,如此则民治行矣。

【注释】

①乐胜则流:乐的功能是使人和合亲近,若用乐过度,则容易发生轻慢不敬。胜,过度。流,放任失敬,不讲尊卑。

②礼胜则离:礼的功能在使人分别远近亲疏,若用礼过度则使人疏离不和。

③合情:调和内在的感情,这是乐的功能。饰貌:修饰外在的行为仪态,这是礼的功能。

④义:仪。

⑤乐文:指乐曲。

【译文】

乐是为了和合情感,礼是为了区别差异。情感和合就能彼此亲近,区别差异就能互相尊敬。乐如果过度就会轻慢不敬,礼如果过度就会疏离失和。调和感情、修饰行为仪态,这是礼和乐的功能。礼仪确立,贵贱等级就分明了;乐曲和谐,上下关系就和睦了。喜好与厌恶明确,贤人与不肖,好人与坏人就分清了。用刑罚来禁止暴虐,用爵位来选拔贤能,政治就平和清明。以仁来爱护人民,以义来管教人民。这样,就能把人民治理好了。

10. 乐由中出①,礼自外作。乐由中出,故静;礼自外作,故文②。大乐必易,大礼必简。乐至则无怨,礼至则不争。揖让而治天下者,礼乐之谓也。暴民不作,诸侯宾服,兵革不试,五刑不用③,百姓无患,天子不怒,如此则乐达矣。

合父子之亲,明长幼之序,以敬四海之内,天子如此,则礼行矣。

【注释】

①中:内心。出:产生。

②文:文饰、文采,指仪式、仪节。

③五刑:参《王制》32 节注⑤。

【译文】

乐是从内心产生的,礼是从外表反映的。乐从内心产生,所以就平静;礼从外表反映,所以就显现文采。大乐一定是平易的,大礼一定是简单的。乐教施行了,就没有怨恨;礼教施行了,就不会相争。靠着谦让就能治理天下的,说的就是礼乐了。不会有暴民暴乱,诸侯臣服于天子,武器军备不动用,五刑不施行,百姓没有忧患,天子不必恼怒,这样,乐教的目的就达到了。使四海之内父子亲情融合,长幼秩序分明,人人尊敬天子,这样,礼的教化就推行了。

11. 大乐与天地同和,大礼与天地同节。和故百物不失①,节故祀天祭地。明则有礼乐,幽则有鬼神②,如此则四海之内合敬同爱矣。礼者,殊事合敬者也;乐者,异文合爱者也。礼乐之情同③,故明王以相沿也,故事与时并④,名与功偕⑤。

【注释】

①不失:指不失其本性。

②幽:幽冥世界,与人间相对。

③礼乐之情同:指礼乐虽然殊事异文,但是其合敬同爱的内在精神却是一致的。情,犹精神。

④事与时并:行事须因应时宜,视时而起事。事,指礼。

⑤名与功偕:乐名都与功业匹配。据说,圣王制乐,都依得天下之功而名乐曲,如尧作《大章》、舜作《大韶》、禹作《大夏》、汤作《大濩》、武王作《大武》等皆是。名,指乐。

【译文】

　　大乐与天地一样协和万物,大礼与天地一样节制万物。因为能协和,所以万物不失本性;因为有节奏,所以用以祭祀天地。人世间有礼乐教育教化,幽冥中有鬼神佑护扶持,这样,四海之内就能使人民互相尊敬、互相亲爱。礼,以不同的仪节使人彼此敬重;乐,以不同形式的乐曲使人亲近相爱。礼与乐的精神作用是相同的,所以圣明的君王都重视礼乐,世代沿袭,因此,圣王所定礼仪与所处时代相符,所制乐名与所建功业相称。

　　12. 故钟鼓管磬①,羽钥干戚②,乐之器也;屈伸俯仰,缀兆舒疾③,乐之文也。簠簋俎豆④,制度文章,礼之器也;升降上下,周还裼袭⑤,礼之文也。故知礼乐之情者能作,识礼乐之文者能述。作者之谓圣,述者之谓明。明圣者,述作之谓也。

【注释】

①管:吹管乐器的通称。"钟鼓管磬"与下列"羽钥干戚"都是"乐之器",前者为演奏之乐器,后者为跳舞之舞具。

②钥:编管乐器,也可作为舞具。《诗经·邶风·简兮》:"左手执钥,右手秉翟。"文舞执羽钥,武舞执干戚。

③缀:舞队的位置。兆:舞队的活动界域。舒疾:指舞蹈节奏舒缓与急促。

④簠(fǔ)簋(guǐ):都是盛放黍稷稻粱等饭食的器具,簠为长方形,簋则多为圆形。俎(zǔ):用以盛放牲体的食器。豆:盛放肉的食器。

⑤周:环绕。还(xuán):转体。裼(xī)袭:古代的礼服制度,裼指袒开外衣而露出部分里衣,不裼则称为袭;礼盛时以袭为敬,礼不盛时则以裼为敬。

【译文】

　　所以,钟鼓管磬,羽钥干戚,都是乐的表现器具;屈身、伸展、下俯、上仰,舞队定位、舞蹈范围、动作节奏舒缓急促,都是乐的表现形式。簠簋俎豆,衣食住行的仪节制度、图案文饰,都是礼的表现器具;升阶降阶、上堂下堂,环绕转身、袒露外衣掩住外衣,都是礼的表现形式。

所以懂得礼乐精神和作用的人能够制作礼乐,懂得礼乐表现形式的人能够传授礼乐。能制作礼乐的人称为"圣",能传授礼乐的人称为"明"。所谓"明圣",就是传授礼乐、制作礼乐的意思。

13. 乐者,天地之和也。礼者,天地之序也。和,故百物皆化;序,故群物皆别。乐由天作,礼以地制。过制则乱,过作则暴。明于天地,然后能兴礼乐也。

【译文】

乐,象征天地的和谐。礼,象征天地的秩序。有和谐所以万物化生,有秩序所以万物有别。乐是按照天的道理而创作的,礼是按照地的道理而制作的。乐若过度就会造成秩序紊乱,礼若过度就会产生暴戾暴虐。明了天地运行的道理,然后才能制礼作乐。

14. 论伦无患①,乐之情也;欣喜欢爱,乐之官也②。中正无邪,礼之质也;庄敬恭顺,礼之制也。若夫礼乐之施于金石,越于声音,用于宗庙社稷,事乎山川鬼神,则此所与民同也。

【注释】

①论伦无患:裴骃《史记集解》引王肃说:"言能合道,论中伦理,而无患也。"伦,伦理道德。

②官:功能。

【译文】

合乎伦理道德,对社会没有危害,是乐的精神;欣喜欢爱,是乐的功能。中正平和而无邪恶,是礼的本质;待人接物庄敬恭顺,是礼的作用。至于将礼乐借由金石乐器表现出来,透过声音传播出来,用于宗庙社稷的祭祀,用于山川鬼神的祭奠,这些则是天子与百姓相同的。

15. 王者功成作乐,治定制礼。其功大者其乐备,其治辩者其礼具①。干戚之舞非备乐也,孰亨而祀非达礼也②。五帝殊时,不相沿乐;三王异世,不相袭礼。乐极则忧,礼粗则偏矣。及夫敦乐而无忧③,礼备而不偏者,其唯大圣乎。

【注释】

①辩:通"遍"。

②孰:同"熟"。亨:同"烹"。

③敦:厚,盛大。

【译文】

　　君王大功告成后就制作乐,政治安定后就制定礼。王道功业伟大的,所制作的乐就完备;治国政绩宏大的,所制定的礼就周全。拿着干戚跳跳舞不算完备的乐,烹熟食物祭祭神不是通达的礼。五帝时代不同,因此不互相沿袭乐制;三王时代不同,因此不互相沿袭礼制。乐,超过极限就会生发忧虑;礼,制作粗疏就会出现偏差。如果是能使乐盛大而又无忧虑,能使礼完备而无偏差,那只有大圣人才能做到吧!

16. 天高地下,万物散殊,而礼制行矣。流而不息,合同而化①,而乐兴焉。春作夏长,仁也;秋敛冬藏,义也。仁近于乐,义近于礼。乐者敦和,率神而从天②;礼者别宜,居鬼而从地③。故圣人作乐以应天,制礼以配地。礼乐明备,天地官矣④。

【注释】

①合同而化:合同阴阳,化育万物。

②率:遵循,遵从。

③居:遵循,遵从。

④天地官矣:天地的职能得以发挥。官,职能。

【译文】

　　天在上地在下,万事万物品类各异,为区别上下尊卑,因而制定了礼。天地之气流动不止,合和阴阳,化育万物,为表现调理燮和,因而兴起了乐。春天萌生夏天成长,体现了天地的仁;秋天收获冬天储藏,体现了天地的义。仁与乐相近,义与礼相近。乐能敦睦亲和,就是要遵循神的旨意而顺从天之道；礼能区别异同，就是要遵从鬼的旨意而顺从地之道。所以圣人制礼作乐，以配天地运行之道。礼乐制度明白完备，天地的职能就够发挥了。

17－18. 天尊地卑，君臣定矣。卑高已陈①，贵贱位矣。动静有常，小大殊矣②。方以类聚③，物以群分，则性命不同矣。在天成象，在地成形，如此，则礼者天地之别也。地气上齐④，天气下降，阴阳相摩，天地相荡，鼓之以雷霆，奋之以风雨，动之以四时，煖之以日月⑤，而百化兴焉。如此，则乐者天地之和也。

【注释】

① 卑高：据郑注，卑指泽，高指山，尊卑之位像山泽。这是借自然地势高低，喻人之贵贱。

② 小大：泛指万物。

③ 方：郑注说"方，谓行虫也"，即走兽飞禽之类，亦泛指万物。

④ 齐(jī)：通"跻"，上升。

⑤ 煖：同"暖"。这里是照耀的意思。

【译文】

　　天高而尊，地下而卑，君臣尊卑取法天地而定。山高泽低自然形成，身份贵贱取法自然而定。天地阴阳的动静有一定规律，大小万物的差异就显现了。飞禽走兽，各以类聚；草木竹树，各以群分，万物天赋的禀性、生命是各不相同的。天空中日月星辰形成各种天象，大地上鸟兽草木生成各种形态，这样，礼就是用以显示天地万物的差异和区别的。地气上升，天气下降，阴阳交接摩擦，天地互相激荡，雷霆震响鼓动，风雨飞动振奋，四时运转更迭，日月光明照耀，而万物便就产生。这样，乐就是用以显示天地万物的协调与爕和的。

19. 昔者，舜作五弦之琴以歌《南风》①，夔始制乐以赏诸侯②。故天子之为乐也，以赏诸侯之有德者也。德盛而教尊，五谷时孰③，然后赏之以乐。故其治民劳者，其舞行缀远④；其治民逸者,其舞行缀短。故观其舞,知其德;闻其谥⑤,知其行也。

【注释】

①《南风》:古诗歌名。此诗亦见《孔子家语·辨乐解》、《尸子》。"南风之薰兮,可以解吾民之愠兮。南风之时兮,可以阜吾民之财兮。"

②夔(kuí):舜时乐官。

③孰:同"熟"。

④舞行缀远:天子赏赐给诸侯的舞队规模小,人数少,舞蹈场地上为确定舞者的位置所设标记就隔得远。缀,为了舞队的整齐,舞蹈场地在舞者的位置上所设标志的间隔。标志间隔远,表示舞队人数少,规模小;与后文"其治民逸者,其舞行缀短"正相反。

⑤谥(shì):谥号。人死后依其德行功过所定的称号。

【译文】

　　从前,舜制作五弦琴以歌唱《南风》,乐官夔才开始制乐,用来赏赐给诸侯。所以天子制乐,是为了赏赐给有德的诸侯的。德行高尚而教化尊崇,五谷按时成熟丰收,那么就把乐赏赐给诸侯。所以,诸侯治理人民而使人民劳苦的,天子赏赐给诸侯的舞队规模小,人数少,舞蹈场地上为舞者的位置所设标记就隔得远;诸侯治理人民而使人民安逸的,天子赏赐给诸侯的舞队规模大,人数多,舞蹈场地上为舞者的位置所设标记就隔得近。所以观看诸侯所展示的舞蹈,就可以知道他的德行;听到诸侯死后的谥号,就知道他的行为。

20.《大章》①,章之也。《咸池》②,备矣。《韶》③,继也。《夏》④,大也。殷周之乐⑤,尽矣⑥。

【注释】

①《大章》:尧时乐名。章,彰明。

②《咸池》:黄帝时乐名。据郑注,"咸"有皆、遍之意,"池"通"施",此乐名是指黄帝之德无所不施。

③《韶》:舜时乐名。据郑注:"韶,绍也。"舜绍承尧,所以乐名"韶"。

④《夏》:禹时乐名。夏,大也,禹能光大尧舜之德,所以乐名"夏"。

⑤殷周之乐:殷乐指《大濩》,周乐指《大武》。

⑥尽:指尽人事,是说殷周之乐表现文治武功达到了极致。

【译文】

　　《大章》,彰显尧的德治。《咸池》,表现黄帝之德遍施天下。《韶》,体现舜能继承尧志。《夏》,反映禹能光大尧舜之德。殷、周的乐,充分反映了当时的文治武功的盛况。

21. 夫豢豕为酒①,非以为祸也,而狱讼益繁,则酒之流生祸也②。是故先王因为酒礼。一献之礼③,宾主百拜④,终日饮酒而不得醉焉,此先王之所以备酒祸也。故酒食者所以合欢也,乐者所以象德也,礼者所以缀淫也⑤。是故先王有大事,必有礼以哀之;有大福,必有礼以乐之。哀乐之分⑥,皆以礼终。乐也者,圣人之所乐也,而可以善民心。其感人深,其移风易俗⑦,故先王著其教焉。

【注释】

①豢(huàn):养。

②流:放纵无度。

③一献之礼:士的饮酒之礼,包含献、酢、酬三个基本仪节,献指主人向客人进酒,酢指客人以酒回敬主人,酬指主人再斟酒劝敬客人。

④百拜:泛指宾主彼此跪拜多次。行饮酒礼时,除了基本的献酢酬之外,还包含许多仪节,宾主在各种仪节进行时,必须互行拜礼,所以称"宾主百拜"。参看《仪礼·乡饮酒礼》。

⑤缀:通"辍",止也。

⑥分:分寸,程度。

⑦移风易俗:王引之说,"移风易俗"一句应从《汉书·礼乐志》作"故其移风易俗易",其说可从。

【译文】

　　养猪酿酒本为宴飨祭祀,不是为了制造祸患,而诉讼官司日益频繁,就是因为饮酒放纵无度而造成的祸患。因此,先王制定饮酒礼。

饮酒行一献之礼,宾主之间须进行种种拜礼,所以喝上一整天也不会醉倒,这是先王用来预防喝酒酿祸的方法。所以,酒食是用来聚会同欢的,乐是用来表现德行的,礼是用来防止淫逸的。因此,先王遇死丧大事,一定用相应的礼来表示哀伤之情;遇吉庆大事,一定用相应的礼来表示喜乐之心。哀伤与喜乐的程度,最终都是合乎礼的规范。乐,是圣人所喜爱的,它可以使民心向善,它可以感人至深,它容易移风易俗,改变民情民俗,所以先王特别强调乐教。

22. 夫民有血气心知之性,而无哀乐喜怒之常,应感起物而动,然后心术形焉①。是故志微、噍杀之音作②,而民思忧。啴谐、慢易、繁文、简节之音作③,而民康乐。粗厉、猛起、奋末、广贲之音作④,而民刚毅。廉直、劲正、庄诚之音作,而民肃敬。宽裕、肉好、顺成、和动之音作⑤,而民慈爱。流辟、邪散、狄成、涤滥之音作⑥,而民淫乱。

111

【注释】

①心术:心志,思想感情。

②志微:细微。噍杀:参本篇 2 节注①。

③啴(chǎn)谐:宽舒和谐。慢易:平缓。繁文:曲调曲折多变。简节:节奏徐缓。

④奋末:奋发,奋动。广贲:昂扬。贲,通"愤"。

⑤肉好:圆润。

⑥狄成:指音乐疾速。涤滥:指音乐如水之泛滥,往而不返。

【译文】

人生来就有血气、有感知外物的天性,而哀乐喜怒的情思却不是恒常不变的,都是对外物有所感应而产生激动,然后才有哀乐喜怒之情的表现。所以,细微、急促的音乐产生,人们就会感到忧郁。宽舒、平和、调子曲折而徐缓的音乐产生,人们就会感到康乐。激烈、威猛、奋发、昂扬的音乐产生,人们就会变得刚毅。廉正、厚重、端庄、诚恳的音乐产生,人们就会肃然起敬。宽和、圆润、流畅、和顺的音乐产生,人们就会变得慈爱。邪僻、怪诞、疾速无度、放纵散漫的音乐产生,人们就会变得淫乱。

23. 是故,先王本之情性,稽之度数①,制之礼义,合生气之和②,道五常之行③,使之阳而不散,阴而不密,刚气不怒,柔气不慑④。四畅交于中而发作于外⑤,皆安其位而不相夺也。然后立之学等,广其节奏,省其文采,以绳德厚。律小大之称⑥,比终始之序⑦,以象事行,使亲疏、贵贱、长幼、男女之理皆形见于乐⑧,故曰:"乐观其深矣。"

【注释】

①稽:考核。度数:音律的度数。

②生气:天地所生的阴阳之气。

③道(dǎo):引导。五常:金、木、水、火、土五行。

④慑(shè):畏惧。

⑤四畅:阴、阳、刚、柔四气畅通。

⑥律:规范。小大:指音律高低。称:使之适合,使之合宜。

⑦比:按一定规律排列组合。

⑧形见(xiàn):表现。

【译文】

因此,先王制乐根据人天生的情思心性,审核音律的度数,制定礼仪制度,融合阴阳二气化生万物的和谐,遵循五行相生相代的运行规律,使得阳气不流散,阴气不密闭,刚气不暴怒,柔气不畏惧。阴、阳、刚、柔四种气质在内部交合通畅,在外部抒发表现;四种气质各得其所而不互相干扰侵夺。然后,订立学习的进度等级,逐步增加学习乐节奏,审察乐章文采,用以考量德行之深厚。规范音律高低合度,排列音乐前后顺次,用以象征人事等级伦理的关系,使得亲疏、贵贱、长幼、男女的区别,都经由乐表现出来。所以说:"通过乐可以深刻地观察社会!"

24. 凡奸声感人而逆气应之,逆气成象而淫乐兴焉。正声感人而顺气应之,顺气成象而和乐兴焉①。倡和有应②,回邪曲直各归其分,而万物之理各以类相动也。是故君子反情以和其志③,比类以成其行。奸声乱色不留聪明④,淫乐慝礼不接心术,惰慢邪辟之气不设于身体,使耳、目、鼻、口、心知、百体皆由顺正,以行其义⑤。

【注释】

①和乐(yuè):和谐的音乐,与上文"淫乐"相对。

②倡:唱。和(hè):应答。

③反情:返回人的天性,恢复天赋的善性。

④聪明:指耳与眼。

⑤义:宜。

【译文】

　　凡是奸邪的声音感染人,人们内心就产生邪逆之气来应和;内心的邪逆之气显现出来的时候,放荡淫乱的音乐就产生了。中正的声音感染人,人们内心就产生和顺之气来应和;内心的和顺之气显现出来的时候,和谐中正的音乐就产生了。唱与和彼此响应对答,回曲正直各自回归本分,而世上万事万物的道理,也一样是同类互相感动应答。因此君子回归天性以和谐心志,比照善类用以成就自身的德行。奸邪之声、迷乱之色不在耳朵、眼睛驻留;淫乱之乐、邪恶之礼不与心志相接,怠惰轻慢邪戾之气不让身体沾染,让耳朵、眼睛、鼻子、嘴巴、心智以及身体的各部分都能循着和顺中正之气而得到正常的发展。

25. 然后发以声音,而文以琴瑟,动以干戚,饰以羽旄,从以箫管。奋至德之光,动四气之和,以著万物之理。是故清明象天,广大象地,终始象四时,周还象风雨①。五色成文而不乱②,八风从律而不奸③,百度得数而有常④,小大相成,终始相生。倡和清浊,迭相为经。故乐行而伦清,耳目聪明,血气和平,移风易俗,天下皆宁。故曰:"乐者,乐也。"君子乐得其道,小人乐得其欲。以道制欲,则乐而不乱;以欲忘道,则惑而不乐。是故君子反情以和其志,广乐以成其教。乐行,而民乡方⑤,可以观德矣。

【注释】

①还(xuán)：旋。

②五色：青、赤、白、黑、黄。古人以五色、五音与五行相配，所以这里指宫、商、角、徵、羽五音与金、木、水、火、土五色。

③八风：东、南、西、北、东北、东南、西南、西北八方之风。这里指八音，即金、石、丝、竹、匏、土、革、木八类乐器。

④百度得数而有常：指音乐节奏像昼夜计时百刻那样有一定之规。百度，即百刻，古代计时分一昼夜为一百刻。

⑤乡(xiàng)：通"向"。方：道。

【译文】

　　然后，用声音表达出来，用琴瑟来演奏，用干戚来舞蹈，用羽旄来装饰，用箫管来伴奏。发扬最高之德的光辉，感应四时之气的和谐，彰显天地万物的道理。所以，音乐像天一样清明，像地一样广大，乐章终始有常像四季，乐舞周旋往来像风雨。五音构成音乐，像五色一样不紊乱；八种乐器和谐成律，像八风一样不侵夺；音乐的节奏变化，像昼夜百刻一样有规律。音律的高低相辅相成，乐曲首末承转呼应。唱和、清浊，相互交错，彼此揉和。所以，音乐推行了，人事伦理清明，人会变得耳聪目明，血气平和，移风易俗，天下安宁。所以说："音乐，就是快乐。"君子乐在得到仁义之道，小人乐在满足欲望。用仁义之道来节制欲望，就能快乐而不迷乱；由于欲望而忘却仁义之道，就会迷乱而不快乐。所以，君子回归天赋的本性以和谐心志，推广正乐以成就教化。音乐推行了，人民就向着正道前行，这样正可以观察君子德行的高尚了。

26. 德者，性之端也；乐者，德之华也。金石丝竹，乐之器也。诗，言其志也；歌，咏其声也；舞，动其容也。三者本于心，然后乐器从之。是故情深而文明①，气盛而化神。和顺积中而英华发外，唯乐不可以为伪。

【注释】

①文：文采。

【译文】

道德，是天性的根端；乐，是道德的花朵。金、石、丝、竹，是演奏乐的器具。诗篇可以表达乐的精神，歌咏可以传达乐的声音，舞蹈可以展现乐的仪容。心志、心声、仪容三者都是发自内心，然后以乐器配合演奏。所以乐的情意深刻而形象显明，气势旺盛而千变万化。和谐顺正的精神蓄积于心中，然后音乐的精彩才能展露出来，唯有乐是不可以作伪的。

27. 乐者，心之动也。声者，乐之象也。文采节奏①，声之饰也。君子动其本，乐其象，然后治其饰。是故先鼓以警戒②，三步以见方，再始以著往③，复乱以饬归④。奋疾而不拔，极幽而不隐。独乐其志，不厌其道；备举其道，不私其欲。是故情见而义立，乐终而德尊。君子以好善，小人以听过。故曰："生民之道，乐为大焉。"

【注释】

①文采：据郑注，"文采，乐之威仪也"，指音乐的规模构架。

②先鼓以警戒：此句至"极幽而不隐"是以周乐《大武》为例。

③再：第二段舞蹈。始：起始。据旧注，这是表现武王两次出征伐纣。

④乱：乐舞之终。饬（chì）归：整饬舞队，表现武王凯旋归来。

【译文】

乐，是内心感动的反映。声，是乐的表现手法。文采节奏，是声的加工修饰。君子天赋的本性受到感动，便以乐来展现，然后加工修饰文采节奏。所以，演出《大武》时要先击鼓以表示警戒，舞蹈开始时先举足踩脚三回，以表示舞队行进的方向；第二段舞蹈开始时，也一样要先举足踩脚三回，以表示舞队前往的方向，表现武王伐纣两次进兵；到舞蹈终结时，再整饬舞队表现武王凯旋。舞蹈动作迅疾而不紊乱，音乐意味深长而不隐晦。《大武》乐舞表现了武王实现灭商之志的欣喜，又不违背仁义之道；它充分地称扬仁义之道，不纵容个人的私欲。所以，《大武》乐舞表达了情感而又确立了义理；乐舞终了，而它所倡导的德行受到尊重。君子因此更加乐于行善，小人因此发现自己的过错。

所以说:"教育民众的方法,乐是最重要的了。"

28. 乐也者,施也;礼也者,报也。乐,乐其所自生,而礼反其所自始。乐章德,礼报情反始也。

【译文】

乐,是施予;礼,是报答。乐,是生自内心的欢乐,而礼是追念起始的先祖。乐是彰显德行,礼则是报答恩情,追念本始。

祭　法

【题解】

郑玄《礼记目录》云："名曰'祭法'者,以其记有虞氏至周天子以下所制祀群神之数。"

"祭法"之题,郑玄《礼记目录》认为,本篇乃记载有虞氏至周朝制定祭祀天地群神的法度,故以"祭法"为题;任铭善《礼记目录后案》认为是以篇首之字命名。两说皆可成立。

本篇首节谈四代禘郊祖宗四祭之法,末节论圣王制祀之原则,与《国语·鲁语》"展禽论祭爰居非政之宜"之辞大同小异,学者多主张应是《祭法》录自《鲁语》,只是文字略异。此外,其他内容较为驳杂,不过皆与祭祀有关:或记祭祀百神之场所;或记天地万物生死之名及五代改变祭祀对象之祭;或记天子至庶人设庙祭祖之法度;或记天子以至庶人立社(土地神)制度;或记天子以至庶人所祭小神之名称与数量,章太炎《大夫五祀三祀辨》据"司命"、"泰厉"之小神名推论此乃采楚俗而成;或记天子以至庶人下祭未成年子孙之制。

本篇《祭法第二十三》,全篇选释。

1. 祭法:有虞氏禘黄帝而郊喾[①],祖颛顼而宗尧[②]。夏后氏亦禘黄帝而郊鲧,祖颛顼而宗禹。殷人禘喾而郊冥,祖契而宗汤。周人禘喾而郊稷,祖文王而宗武王。

【注释】

①禘(dì):祭名。郊:祭名,郊某,指祭天时以某先祖配祭。喾(kù):传说的上古帝王。本节写在古帝先王之前的禘、郊、祖、宗四字都是祭名。

②颛顼(zhuānxū):传说的上古帝王。

【译文】

上古时的祭祀方法:有虞氏以禘祭祭黄帝,在南郊祭天时以喾配祭,以祖祭祭颛顼而以宗祭祭尧。夏后氏也以禘祭祭黄帝,在南郊祭天时以鲧配祭,以祖祭祭颛顼而以宗祭祭禹。殷人以禘祭祭喾,在南郊祭天时以冥配祭,以祖祭祭契而以宗祭祭汤。周人以禘祭祭喾,在南郊祭天时以后稷配祭,以祖祭祭文王而以宗祭祭武王。

2. 燔柴于泰坛①,祭天也;瘗埋于泰折②,祭地也。用骍犊③。埋少牢于泰昭④,祭时也。相近于坎坛⑤,祭寒暑也。王宫⑥,祭日也;夜明,祭月也;幽宗,祭星也;雩宗,祭水旱也;四坎坛⑦,祭四方也。山林、川谷、丘陵,能出云,为风雨,见怪物⑧,皆曰神。有天下者,祭百神。诸侯,在其地则祭之,亡其地则不祭。

【注释】

①燔(fán)柴于泰坛:古代祭天,在祭坛上堆积薪柴,将玉帛与牺牲放在柴上焚烧,使祭祀的心意透过气味上达天神。燔柴,祭仪之一。泰坛,是为祭天而设的坛,在都城南郊。坛,堆土而成的高台。

②瘗(yì)埋于泰折:古时祭地,将缯帛牺牲埋于祭祀的地方,使祭祀的心意下通于地祇。瘗埋,是祭仪之一。瘗,埋也。泰折,为祭地而设的土台,在都城北郊。

③骍(xīng)犊:指赤色的小牛。骍,赤色马。

④少牢:以羊、豕为牺牲。埋少牢也是祭仪之一。泰昭:祭四时的坛名。

⑤相近:郑注认为是"禳祈"二字的声误,禳是禳却灾患之祭,祈是祈求福报之祭,寒于坎,暑于坛。

⑥王宫:与下列"夜明"、"幽宗"、"雩(yú)宗",都是祭坛之名。

⑦四坎坛:祭四方东南西北各有一坎一坛,孔疏:"坛以祭山林丘陵,坎以祭川谷泉泽。"

⑧见(xiàn):同"现"。

【译文】

在泰坛上堆柴焚烧玉帛、牺牲,使气味上达天神,这是祭天;在泰折坛上掩埋缯帛、牺牲,以下通地祇,这是祭地。两种祭祀都用赤色的小牛。在泰昭坛上掩埋羊、豕，这是祭四时。在坎穴、祭坛上进行禳祈仪式，这是祭寒暑。在王宫坛，是祭日神；在夜明坛，是祭月神；在幽宗坛，是祭星辰之神；在雩宗坛，是祭水旱之神；在四方各设一坎一坛，是祭四方之神。山林、川谷、丘陵能够形成云气，能呼风唤雨，出现怪物，这都是神。统治天下的人，要祭祀天地之间的各种神祇。至于诸侯，在他分封领地就祭祀那些神祇，失去了分封的领地就不再祭祀那些神祇。

3. 大凡生于天地之间者皆曰命，其万物死皆曰折，人死曰鬼，此五代之所不变也①。七代之所以更立者②，禘、郊、宗、祖，其余不变也。

【注释】

①五代：据郑注，指黄帝、尧、舜、禹、汤。

②七代：五代及其前之颛顼、帝喾。

【译文】

大体只要生于天地之间都叫作"命"，万物死亡都叫作"折"，人死了叫作"鬼"，这些名称是五代以来不曾改变的。七代以来所更动确立的，只有禘祭、郊祭、宗祭、祖祭四种祭祀的对象，其余的都没有改变。

4. 天下有王，分地建国，置都立邑①，设庙、祧、坛、墠而祭之②，乃为亲疏多少之数。是故王立七庙、一坛、一墠③。曰考庙，曰王考庙，曰皇考庙，曰显考庙，曰祖考庙，皆月祭之。远庙为祧，有二祧④，享尝乃止⑤。去祧为坛⑥，去坛为墠⑦。坛、墠，有祷焉祭之，无祷乃止。去墠曰鬼。诸侯立五庙、一坛、一墠。曰考庙，曰王考庙，曰皇考庙，皆月祭之；显考庙、祖考庙，享尝乃止。去祖为坛，去坛为墠。坛、墠有祷焉祭之，无祷乃止。去墠为鬼。大夫立三庙、二坛。曰考庙，曰王考庙，曰皇考庙，享尝乃止。显考、祖考无庙，有祷焉，为坛祭之。去坛为鬼。适士二庙、一坛⑧。曰考庙，曰王考庙，享尝乃止。

显考无庙,有祷焉,为坛祭之。去坛为鬼。官师一庙⑨,曰考庙。王考无庙而祭之。去王考为鬼。庶士庶人无庙⑩,死曰鬼。

【注释】

①置都立邑:封给卿大夫采地及赏赐有功之士土地。

②庙:宗庙。祧(tiāo):远祖庙。坛:祭坛。墠(shàn):经扫除整洁可供祭祀的地面。

③七庙:指下列"考庙"至"祖考庙"五庙,加上二祧庙,共七庙。

④二祧:孙希旦《礼记集解》认为应指高祖之父、高祖之祖之庙。

⑤享尝:享祀与尝祀。此处泛指四时祭祀。

⑥去祧为坛:指从祧庙往上数一代的祖先,就设坛祭祀。

⑦去坛为墠:承注⑥,再往上数一代的祖先,就设墠祭祀。

⑧适士:据郑注,指上士。

⑨官师:据郑注,指中士、下士。

⑩庶士:府史之属。

【译文】

　　天下有天子统治,天子分封土地建立诸侯国,又为卿大夫及有功之士建置都邑,设立庙、祧、坛、墠四种祭祀制度,依地位尊卑确定所祭先祖的亲疏关系以及庙数与祭祀的多少。所以,天子设有七庙、一坛、一墠。一是考庙即父庙,二是王考庙即祖父庙,三是皇考庙即曾祖父庙,四是显考庙即高祖父庙,五是祖考庙即高祖父之父庙,五庙都按月祭祀。另外两庙是远祖庙,远祖庙就是祧庙,祧庙有二,按四时祭祀即可。祧庙往上数一代的祖先就设坛祭祀,从设坛所祭的祖先再往上数一代就设墠祭祀。设坛、墠祭祀的祖先,如果有所祈祷才祭祀,没有祈祷就不必祭祀。设墠祭祀的祖先再往上称为鬼。诸侯设有五庙、一坛、一墠。一是考庙,二是王考庙,三是皇考庙,三庙都按月祭祀;另外两庙——显考庙、祖考庙,按四时祭祀即可。祖考庙往上数一代的祖先设坛祭祀,从设坛所祭的祖先再往上数一代就设墠祭祀。设坛、墠祭祀的祖先,如果有所祈祷才祭祀,没有祈祷就不必祭祀。设墠祭祀的祖先再往上称为鬼。大夫设有三庙、二坛。一是考庙,二是王考庙,三是皇考庙,按四时祭祀即可。显考、祖考没有庙,如果有所祈祷,才设坛祭祀。显考、祖考以上的祖先称为鬼。上士设有二庙、一坛。一是考庙,二是王考庙,按四时祭祀即可。显考没有庙,如果有所祈祷,才设坛祭祀。显考以上的祖先称为鬼。中士、下士设有一庙,是考庙。王考没有庙,可在考庙祭祀他。王考以上的祖先称为鬼。庶士、庶人没有庙,死后称为鬼。

5. 王为群姓立社①,曰大社。王自为立社,曰王社。诸侯为百姓立社,曰国社。诸侯自为立社,曰侯社。大夫以下,成群立社②,曰置社。

【注释】
①群姓:百官以下至人民。社:土地神。此处指祭祀土地神的地方。
②成群立社:大夫以下不可独自立社,大夫与民群居,满一百家以上可共立一社。

【译文】
　　天子为百官众民立社,称为"大社"。天子也为自己立社,称为"王社"。诸侯为百姓立社,称为"国社"。诸侯也为自己立社,称为"侯社"。大夫以下包括士、庶人,聚居满百家就可以立社,称为"置社"。

6. 王为群姓立七祀①,曰司命②,曰中霤③,曰国门④,曰国行⑤,曰泰厉⑥,曰户,曰灶。王自为立七祀。诸侯为国立五祀,曰司命,曰中霤,曰国门,曰国行,曰公厉⑦。诸侯自为立五祀。大夫立三祀,曰族厉⑧,曰门,曰行。适士立二祀,曰门,曰行。庶士庶人,立一祀,或立户,或立灶。

【注释】
①七祀:祭祝七种在人间司察小过并发出警告的小神。
②司命:宫中小神。
③中霤:掌管堂室的小神。
④国门:掌管城门的小神。
⑤国行(háng):掌管道路的小神。

⑥泰厉：古代没有后嗣的帝王，死后之鬼无所归依，喜欢作祟，因此必须祭祀。

⑦公厉：参注⑥，特指诸侯之鬼。由于诸侯称公，所以称"公厉"。

⑧族厉：参注⑥，特指大夫之鬼。由于大夫众多，死后之鬼也多，所以称"族厉"。族，众也。

【译文】

天子为百官众民设立祭祀七种神的典礼：一是司命之神，二是中霤之神，三是国门之神，四是国行之神，五是泰厉之神，六是户神，七是灶神。天子也为自己设立祭祀七种神的典礼。诸侯为国民设立祭祀五种神的典礼：一是司命之神，二是中霤之神，三是国门之神，四是国行之神，五是公厉之神。诸侯也为自己设立祭祀五种神的典礼。大夫设立祭祀三种神的典礼，一是族厉，二是门神，三是行神。上士设立祭祀两种神的典礼，一是门神，二是行神。庶士、庶人设立祭祀一种神的典礼，有的祭户神，有的祭灶神。

7. 王下祭殇五①：适子、适孙、适曾孙、适玄孙、适来孙②。诸侯下祭三，大夫下祭二，适士及庶人，祭子而止。

【注释】

①殇：未成年而死者。

②适(dí)：通"嫡"。下同。

【译文】

天子下祭其五代未成年而死的嫡系子孙：有嫡子、嫡孙、嫡曾孙、嫡玄孙、嫡来孙。诸侯下祭三代：嫡子、嫡孙、嫡曾孙，大夫下祭两代：嫡子、嫡孙，上士与庶人，只祭到嫡子一代而已。

8. 夫圣王之制祭祀也：法施于民则祀之，以死勤事则祀之，以劳定国则祀之，能御大菑则祀之，能捍大患则祀之。是故厉山氏之有天下也①，其子曰农，能殖百谷；夏之衰也，周弃继之②，故祀以为稷③。共工氏之霸九州也④，其子曰后土，能平九州，故祀以为社。帝喾能序星辰以著众，尧能赏均刑法以义终,舜勤众事而野死,鲧障洪水而殛死⑤,禹能修鲧之功,黄帝正名百物以明民共财,颛顼能修之,契为司徒而民成,冥勤其官而水死,汤以宽治民而除其虐,文王以文治,武王以武功去民之菑。此皆有功烈于民者也。及夫日月星辰,民所瞻仰也;山林、川谷、丘陵,民所取材用也。非此族也,不在祀典。

【注释】

①厉山氏:传说中的古帝王炎帝,起于厉山,故名"厉山氏",或"烈山氏"。

②弃:周先祖后稷的名字。

③稷:谷神。

④共工氏:传说中的古帝王,据孔疏,在大昊(伏牺氏)之后,炎帝之前。

⑤鲧障洪水而殛(jí)死:传说鲧因治水不成,被流放到羽山而死。孔疏认为,鲧虽治水失败,但仍对人民有微功,所以祭祀他。殛,流放。或说为诛杀。

【译文】

　　圣王制定祭祀制度规定:能实行法制于人民的就祭祀他,因勤劳国事而死的就祭祀他,因建立功劳平定国家的就祭祀他,能抵御重大灾害的就祭祀他,能抗御特大祸患的就祭祀他。所以,厉山氏统治天下时,他的儿子名农,能播种百谷;到夏朝衰微时,周族的弃继承了农,因此就把弃与农作为稷神来祭祀。共工氏称霸九州时,他的儿子名后土,能平治九州,因此就把后土作为社神来祭祀。帝喾能观测天空星辰运行次序而颁布于天下;尧能赏赐公平、依法行刑,并最终禅让于舜;舜因勤于众人之事而死于苍梧之野;鲧围堵洪水不成,遭到流放而死;禹能修正父亲鲧的办法而治服洪水;黄帝为百物确定了名称并教给人民,与人民共享天下财利;颛顼能修订黄帝之法;契担任掌教化的司徒之官而使人民受到熏陶;冥担任水官勤劳而死;汤用宽容之道治理人民而除去夏桀的暴政;文王以文韬治国;武王以武功为人民剪除商纣为虐之灾。以上这些都是对人民有功劳的人,所以要祭祀他们。至于日月星辰,是人民所瞻仰的;山林、川谷、丘陵,是人民获取财用的地方。这些与上述祭祀类别不同,所以不包括在此类祭祀中。

祭 义

【题解】

郑玄《礼记目录》云："名曰'祭义'者，以其记祭祀、斋戒、荐羞之义也。"

"祭义"之题，郑玄认为是因为内容记载祭祀、斋戒、荐羞的意义。具体而言，本篇主要阐释祭祀主敬的意义，同时述及孝悌祭先之道、养老尊长之义，可与《祭法》互相发明。其中"君子曰礼乐不可斯须去身"一节，谈礼乐能修身养性并治理天下的意义，与《乐记》(本书未选)大同小异，孔颖达认为重出的原因是由于作记者不同；但为何以祭祀为主的本篇亦见礼乐之道，任铭善《礼记目录后案》以为是取礼乐亦主庄敬之义，所以抄附于本篇。另，"曾子论孝"、"乐正子春下堂伤其足"两节，与《大戴礼记·曾子大孝》文字大体相同，内容虽未及祭祀，但皆与孝亲有关，作记者可能因此抄附于本篇，以足其义。

本篇《祭义第二十四》，选释3小节。

1. 君子曰："礼乐不可斯须去身①。"致乐以治心②，则易、直、子、谅之心油然生矣③。易、直、子、谅之心生则乐，乐则安，安则久，久则天，天则神。天则不言而信，神则不怒而威，致乐以治心者也。致礼以治躬则庄敬，庄敬则严威。心中斯须不和不乐，而鄙诈之心入之矣。外貌斯须不庄不敬，而慢易之心入之矣。故乐也者，动于内者也；礼也者，动于外者也。乐极和，礼极顺，内和而外顺，则民瞻其颜色而不与争也，望其容貌而众不生慢易焉。故德辉动乎内④，而民莫不承听；理发乎外⑤，而众莫不承顺。故曰："致礼乐之道，而天下塞焉⑥，举而错之无难矣⑦。"乐也者，动于内者也；礼也者，动于外者也。故礼主其减⑧，乐主其盈⑨。礼减而进，以进为文；乐盈而反，以反为文。礼减而不进则销，乐盈而不反则放，故礼有报而乐有反。礼得其报则乐,乐得其反则安。礼之报,乐之反,其义一也。⑩

【注释】

①斯须:须臾,片刻。

②致:深审,深入体会研究。

③子:慈爱。谅:信。

④德辉:郑注:"颜色润泽。"指透过乐教,使厚德润泽内在。辉,同"辉"。

⑤理:指合礼的应对进退。

⑥塞(sè):充满。

⑦错:通"措",安置。

⑧减:简约。礼的仪节若过度繁缛,则易生倦心,失去敬意,所以主"减"。

⑨盈:充盈。乐的功能在和同人心,应该充满和顺之情,所以主"盈"。

⑩本节内容又见于《乐记》,文字基本相同。

【译文】

君子说:"礼乐不可须臾离身。"深入体会用乐来修养心性,那么,平易、正直、慈爱、诚信的心就自然而然产生了。产生了平易、正直、慈爱、诚信的心就会感到喜乐,内心感到喜乐就能使心灵安定,心灵安定就能使生命长久,生命长久就能通达天理,通达天理就能出神入化。通达天理,不用说话就令人感到诚信可靠;出神入化,不须动怒就令人感到威严庄重,这就是深入体会用乐来修养心性啊!深入体会用礼来修养自身,就能显得端庄尊贵,外在端庄尊贵就有威严。内心如有片刻不和谐、不喜乐的话,鄙陋狡诈之心就会乘机侵入。外貌如有片刻不端庄、不敬谨的话,怠慢轻易之心就会乘机侵入。所以,所谓乐,是作用于内心的;所谓礼,是作用于外表的。乐能达到内心和谐,礼能达到外貌和顺,内心和谐而外貌和顺,那么人民瞻望他的表情就不会同他争抢,瞻望他的容貌就不会产生怠慢轻易之心。所以,德性润泽内在的修养,而人民没有不听从的;合礼的举止表现在外,而人民没有不顺从的。所以说:"深入体会礼乐的道理,将礼乐之道运用于治理天下,天下就没有什么难事了。"所谓乐,是作用于内心的;所谓礼,是作用于外表的。所以，礼承担退减的功能，乐承担增盈的功能。礼承担退减的功能而令人自勉精进，通过自勉精进表现善与美；乐承担增盈的功能而令人归返本性，通过归返本性表现善与美。礼承担退减的功能而不自勉精进就会销蚀志意，乐承担增盈的功能而不归返本性就会放荡荒淫。所以，礼讲求往来报答而乐讲求返回本真，礼能做到往来报答就令人喜乐，乐能做到返回本真就令人心安理得。礼的往来报答，乐的返回本真，它们的意义是一致的。

2. 曾子曰："孝有三，大孝尊亲，其次弗辱，其下能养。"公明仪问于曾子曰①："夫子可以为孝乎？"曾子曰："是何言与！是何言与！君子之所谓孝者，先意承志，谕父母于道。参直养者也！安能为孝乎？"曾子曰："身也者，父母之遗体也。行父母之遗体，敢不敬乎？居处不庄，非孝也；事君不忠，非孝也；莅官不敬②，非孝也；朋友不信，非孝也；战陈无勇③，非孝也。五者不遂，裁及于亲④，敢不敬乎？亨孰膻芗⑤，尝而荐之，非孝也，养也。君子之所谓孝也者，国人称愿然，曰：'幸哉有子如此。'所谓孝也已。众之本教曰孝，其行曰养。养可能也，敬为难；敬可能也，安为难；安可能也，卒为难。父母既没，慎行其身，不遗父母恶名，可谓能终矣。仁者，仁此者也；礼者，履此者也；义者，宜此者也；信者，信此者也；强者，强此者也。乐自顺此生，刑自反此作。"曾子曰："夫孝，置之而塞乎天地，溥之而横乎四海⑥，施诸后世而无朝夕，推而放诸东海而准⑦，推而放诸西海而准，推而放诸南海而准，推而放诸北海而准。《诗》云⑧：'自西自东，自南自北，无思不服。'此之谓也。"曾子曰："树木以时伐焉，禽兽以时杀焉。夫子曰：'断一树，杀一兽，不以其时，非孝也。'孝有三：小孝用力，中孝用劳，大孝不匮。思慈爱忘劳，可谓用力矣。尊仁安义，可谓用劳矣。博施备物，可谓不匮矣。父母爱之，嘉而弗忘；父母恶之，惧而无怨。父母有过，谏而不逆；父母既没，必求仁者之粟以祀之。此之谓礼终。"

【注释】

①公明仪：曾子弟子，春秋鲁国人。

②莅官：居官。莅，临。

③陈（zhèn）：同"阵"。

④裁（zāi）：通"灾"。

⑤亨（pēng）：同"烹"。孰：同"熟"。膻（shān）：郑玄认为应是"馨"字之误。芗（xiāng）：通"香"。

⑥溥（fū）：通"敷"，传布，流布。

⑦放（fǎng）：至。准：准则。

⑧《诗》云：以下四句出自《诗经·大雅·文王有声》。

【译文】

　　曾子说："孝有三等：大孝是使父母受到他人的敬重，其次是不令父母蒙羞，最下等是只能养活父母。"公明仪问曾子说："老师您可以称得上孝吧？"曾子说："这是什么话呀！这是什么话呀！君子所说的孝，是在父母未张嘴说话之前就预先体察他们的心意，就按照他们的意志去做；并让父母知晓事物的道理。曾参我只不过是能养活父母而已！怎么能称得上孝呢？"曾子说："身体，是父母留给我们的。用父母给予的身体去行事，怎敢不敬慎呢？日常生活举止不庄重，是不孝；事奉君主不忠心，是不孝；身居官位不恭谨，是不孝；与朋友交往不讲信用，是不孝；临阵作战没有勇气，是不孝。这五件事做不到的话，灾祸就会延及父母，怎敢不敬慎呢？烹熟食物，馨香芬芳，自己试尝过，然后才进献给父母享用，这不是孝，只是奉养而已。君子所谓的孝，是做到让全国人都羡慕地称赞说：'真幸运呀，有这样的儿子！'这才是孝呀！教化众人的根本是孝，孝行就是奉养父母。平常的奉养还是可能做到的，一直保持敬慎之心去奉养就难了；以敬慎之心去奉养父母还是可能做到的，要让父母感到安适而快乐就难了；让父母感到安适而快乐还是可能做到的，要一直做到父母去世就难了。父母去世后，能谨慎行事，不让坏名声玷污了父母，这就称得上是终生行孝了。所谓仁，就是以孝行仁；所谓礼，就是以孝践履礼；所谓义，就是以孝做合宜的行为；所谓信，就是以孝为诚信；所谓强，就是以孝为强盛。喜乐由于顺应孝道而生,刑罚由于违反孝道而成。"曾子说:"孝,树立它而充塞于天地之间,传播它而横溢四海之内,施行于后世而没有一朝一夕片刻的停止,推行至东海而成为准则,推行到西海而成为准则,推行至南海而成为准则,推行至北海而成为准则。《诗经·大雅·文王有声》说:'从西从东,从南从北,没有不服从的。'说的就是这个意思。"曾子说:"树木要在适当的时节砍伐,禽兽要在适当的时节猎杀。孔子说:'砍断一株树,猎杀一头兽,若不在适当的时节,就是不孝。'孝有三等:小孝用体力,中孝用功劳,大孝不匮乏。想着父母的慈爱,努力耕作而忘记了劳累,可称为用体力的孝。能尊重仁德、安行道义,可称为用功劳的孝。在天下广施德教,国家繁荣而物品齐备,父母去世后天下都来助祭,可称为不匮乏之孝。父母疼爱自己,就喜乐而不敢忘怀;父母厌恶自己,就戒惧而没有怨恨。父母有过错,委婉劝谏而不违逆;父母去世后,再贫困也不能用不义之财侍奉亡亲,一定要用从仁者那里获得的粟米来祭祀父母。这就是所谓依礼行孝,善始善终。"

3. 乐正子春下堂而伤其足^①，数月不出，犹有忧色。门弟子曰："夫子之足瘳矣^②，数月不出，犹有忧色，何也?"乐正子春曰："善如尔之问也! 善如尔之问也! 吾闻诸曾子，曾子闻诸夫子曰:'天之所生，地之所养，无人为大。父母全而生之，子全而归之，可谓孝矣。不亏其体，不辱其身，可谓全矣。故君子顷步而弗敢忘孝也^③。'今予忘孝之道，予是以有忧色也。一举足而不敢忘父母，一出言而不敢忘父母。一举足而不敢忘父母，是故道而不径，舟而不游，不敢以先父母之遗体行殆。一出言而不敢忘父母，是故恶言不出于口，忿言不反于身，不辱其身，不羞其亲，可谓孝矣。"

【注释】

①乐正子春:曾子弟子,春秋鲁国人。

②瘳(chōu):痊愈。

③顷(kuǐ)步:半步。古人迈步行走,迈出一脚为跬,再交替迈出一脚为一步,所以跬为半步。顷,通"跬"。

【译文】

　　乐正子春下堂时伤了脚,几个月不出门,脸上还有忧虑的神色。他的学生说:"老师您的脚伤已经痊愈了,几个月养伤不出门,脸上却还有忧虑的神色,这是为什么?"乐正子春说:"你问得真好呀!你问得真好呀!我听我的老师曾子说,我的老师曾子听孔子说:'上天所生的,大地所养的,没有比人还大的了。父母完完整整地生下儿子的身体,儿子死后也要完完整整地归还父母,这就可以称得上孝了。不亏损自己的身体,不使自己蒙受恶名,这就可以称为完完整整归还父母了。所以君子半步也不敢忘记孝道。'现在我忘记了孝的道理,我因此有忧虑的神色。每迈出一步都不敢忘记父母,每说一句话都不敢忘记父母。由于每迈出一步都不敢忘记父母,所以走路时要走大道而不抄小路,过河时要乘坐舟船而不敢游水,这都是因为不敢用父母留给我们的身体去冒险。由于每说一句话都不敢忘记父母,所以坏话不出于自己的口中,怨恨的话也就不会反过来报复自己,不使自身受辱,不使父母蒙羞,就可以称得上孝了。"

经 解

【题解】

郑玄《礼记目录》云："名曰'经解'者,以其记六艺政教之得失也。"

"经解"之题,乃概括首节文意而得,其内容是解释《诗》、《书》、《乐》、《易》、《礼》、《春秋》六经对人民潜移默化的教育功能,一如郑玄《礼记目录》所释。皇侃认为,六经教化虽然各自有别,但总体都是以礼为本,所以作记者录入于礼。通篇只有首节内容与"经解"相关,其他文字则无直接关系,或记天子德配天地、能行仁义方可治天下,或记霸王必须以和、仁、信、义四器方能治民,或记治国之本莫若隆礼之要义。

本篇《经解第二十六》,全篇选释。

1. 孔子曰："入其国,其教可知也。其为人也,温柔敦厚,《诗》教也;疏通知远,《书》教也;广博易良,《乐》教也;絜静精微①,《易》教也;恭俭庄敬,《礼》教也;属辞比事②,《春秋》教也。故《诗》之失③,愚;《书》之失,诬;《乐》之失,奢;《易》之失,贼;《礼》之失,烦;《春秋》之失,乱。其为人也,温柔敦厚而不愚,则深于《诗》者也;疏通知远而不诬,则深于《书》者也;广博易良而不奢,则深于《乐》者也;絜静精微而不贼,则深于《易》者也;恭俭庄敬而不烦,则深于《礼》者也;属辞比事而不乱,则深于《春秋》者也。"

【注释】

①絜静精微:据孔疏,《易》对于人的启发,得正则获吉,得邪则获凶,可以戒慎己身不为淫滥之事,所以是絜静;而《易》的内涵能穷理尽性、明察秋毫,所以是精微。

②属(zhǔ):连缀。比(bì):排比。

③失：指过度强调而不能节制平衡各种教化功能，便会有所缺失。

【译文】

孔子说："进入一个国家，观察民情风俗就可以知道国家的教化如何。一国人民的为人表现，如果是神情温柔、品性敦厚，那就是《诗》教的作用；如果是政见通达、洞悉史实，那就是《书》教的作用；如果是闻见广博、情性和顺，那就是《乐》教的作用；如果是神清心静、精深微妙，那就是《易》教的作用；如果是恭敬勤俭、庄重谨慎，那就是《礼》教的作用；如果是连缀文辞、排比史事，那就是《春秋》教的作用。所以，《诗》教若过度强调神情温柔、品性敦厚，会造成愚戆不智的失误；《书》教若过度强调政见通达、洞悉史实，会造成偏信诬妄的失误；《乐》教若过度强调闻见广博、情性和顺，会造成奢侈挥霍的失误；《易》教若过度强调神清心静、精深微妙，会造成戕害正理的失误；《礼》教若过度强调恭敬勤俭、庄重谨慎，会造成繁缛琐碎的失误；《春秋》之教若过度强调连缀文辞、排比史事，会造成妄议生乱的失误。一国国民的为人表现，如果能神情温柔、品性敦厚而不愚戆不智，那便是深通《诗》教的成果；如果能政见通达、洞悉史实而不偏信诬妄，那便是深通《书》教的成果；如果能闻见广博、情性和顺而不奢侈挥霍，那便是深通《乐》教的成果；如果神清心静、精深微妙而不戕害正理，那便是深通《易》教的成果；如果能恭敬勤俭、庄重谨慎而不繁缛琐碎，那便是深通《礼》教的成果；如果能连缀文辞、排比史事而不妄议生乱，那便是深通《春秋》之教的成果。"

2. 天子者，与天地参，故德配天地，兼利万物，与日月并明，明照四海而不遗微小。其在朝廷则道仁圣、礼义之序①，燕处则听《雅》、《颂》之音②，行步则有环佩之声，升车则有鸾和之音③。居处有礼④，进退有度，百官得其宜，万事得其序。《诗》云⑤："淑人君子，其仪不忒。其仪不忒，正是四国。"此之谓也。

【注释】

①道(dǎo)：引导。

②燕处：退朝而居。

③鸾和:鸾与和,都是马车上的装饰性的车铃,随着马跑车动而鸣响。

④居处:指在朝廷上及退朝而居时。

⑤《诗》:以下四句引自《诗经·曹风·鸤鸠》。

【译文】

　　天子,与天、地并列而为三,所以天子的德行与天地相配,恩泽普及万物,光辉与日月齐明,光照四海而不遗漏任何微小之处。天子在朝廷就要用仁、圣、礼、义的道德规范来引导臣下;退朝而居时,就欣赏《雅》《颂》音乐;走路时,佩戴的玉环、玉佩随着脚步而有声;登车上路时,马车上鸾铃、和铃伴着车马行进而鸣响。在朝廷或居所,都合乎礼仪;进退举止,皆有法度,使百官各得其所,使万物生长能井然有序。《诗经·曹风·鸤鸠》说:"那善良的君子,他的仪表美好无差错。他的仪表美好无差错,可以作为四国的表率。"说的就是这个意思。

3. 发号出令而民说谓之和①,上下相亲谓之仁,民不求所欲而得之谓之信,除去天地之害谓之义。义与信,和与仁,霸、王之器也。有治民之意而无其器,则不成。

【注释】

①说(yuè):同"悦"。

【译文】

　　发号施令而人民感到喜悦就称为"和",上下之间彼此相亲相爱就称为"仁",人民不须提出要求就能满足希望就称为"信",除去天地之间的灾害就称为"义"。义与信,和与仁,是霸者、王者统治天下的工具。有治理人民的意愿却没有治理的工具,就不能成功。

4. 礼之于正国也,犹衡之于轻重也,绳墨之于曲直也,规矩之于方圆也。故衡诚县①,不可欺以轻重;绳墨诚陈,不可欺以曲直;规矩诚设,不可欺以方圆;君子审礼,不可诬以奸诈。是故,隆礼、由礼,谓之有方之士;不隆礼、不由礼,谓之无方之民。敬让之道也。故以奉宗庙则敬,以入朝廷则贵贱有位,以处室家则父子亲、兄弟和,以处乡里则长幼有序。孔子曰："安上治民，莫善于礼。"此之谓也。故朝觐之礼②，所以明君臣之义也。聘问之礼，所以使诸侯相尊敬也。丧祭之礼，所以明臣子之恩也。乡饮酒之礼，所以明长幼之序也。昏姻之礼，所以明男女之别也。夫礼，禁乱之所由生，犹坊止水之所自来也③。故以旧坊为无所用而坏之者，必有水败；以旧礼为无所用而去之者，必有乱患。故昏姻之礼废，则夫妇之道苦，而淫辟之罪多矣。乡饮酒之礼废，则长幼之序失，而争斗之狱繁矣。丧祭之礼废，则臣子之恩薄，而倍死忘生者众矣④。聘觐之礼废，则君臣之位失，诸侯之行恶，而倍畔侵陵之败起矣。故礼之教化也微，其止邪也于未形，使人日徙善远罪而不自知也，是以先王隆之也。《易》曰⑤："君子慎始，差若豪氂⑥，缪以千里⑦。"此之谓也。

【注释】

①县(xuán)：同"悬"。

②朝觐(jìn)：臣子朝见天子。

③坊：堤防。

④倍：通"背"，背弃。

⑤《易》：据孔疏，此《易·系辞》之文；今本《系辞传》未见。

⑥豪：通"毫"。氂：通"厘"。形容数量极小。

⑦缪(miù)：错误。

【译文】

　　礼对于统治国家的作用，就如同秤对于度量轻重，墨斗墨线对于测量曲直，圆规方尺对于画方角圆圈。所以，如果把秤挂上，度量轻重有了标准就不能任意欺骗人；墨斗线绳拉开，测量曲直有了标准就不能任意欺骗人；圆规方尺用起来，画方画圆有了标准就不能任意欺骗人；君子明辨于礼，就无法以奸诈来欺骗他。所以，重视礼、实践礼，称为有道的人；不重视礼、不实践礼，称为无道的人。这个道就是虔敬谦让之道。所以，以礼来侍奉宗庙祖先就会显得虔敬；让礼进入朝廷，就能使百官各有其位，贵贱各得其所；以礼来管理家庭，就能使父子相亲、兄弟和睦；以礼来治理乡里，就能使长幼有序。孔子说："使君主安心、治理百姓，没有比礼更好的。"说的就是这个意思。朝觐之礼，是用来明确君臣关系的。聘问之礼，是用来使诸侯之间互相尊敬的。丧、祭之礼，是用来表明臣下、人子对君、对父的感恩之情的。乡饮酒之礼，是用来明确长幼之序的。婚姻之礼，是用来表明男女有别的。礼，防止纷乱的发生，就如同大堤防止水患的发生。所以，如果认为旧的大堤没有用处而加以破坏，就一定会发生水患；认为旧礼没有用处而予以废除，就一定会发生危乱之患。因此，如果废除婚姻之礼，那么夫妇之道就会有障碍，而奸淫邪僻的罪行就会增加。如果废除乡饮酒之礼，就会使长幼之间失去秩序，而争斗的狱讼就会增多。如果废除丧、祭之礼，那么臣下、人子就会薄情寡义，而背叛死者、忘记君父的人就会增多。如果废除聘问、朝觐之礼，那么君臣上下关系就遭到破坏，诸侯会行乱作恶，而背叛君王、侵凌他国的祸乱就会产生。所以，礼的教化作用是细微而隐蔽的，它在邪恶还没形成或产生时就予以防止，让人每天不知不觉中趋向善良、远离罪恶，因此先王特别重视它。《易》说："君子慎重对待事物的起始，一开始的差失仅仅只有一毫一厘，最后导致的错误就会有千里那么大。"说的就是这个意思。

缁 衣

【题解】

郑玄《礼记目录》云:"名曰'缁衣'者,善其好贤者厚也。《缁衣》,郑诗也。"

"缁衣"二字,见本篇第2节引用《诗经·郑风·缁衣》"好贤如《缁衣》"一句,故用以名篇。出土资料郭店楚墓竹简、上海博物馆藏战国楚竹书两篇简本《缁衣》皆无今本第1节文字。王锷《礼记成书考》认为今本第二章应该是原本首章,故取篇首文字命名,此说可从。"缁衣"本指黑色布帛所制的朝服,又指《郑风·缁衣》篇名,因首章"缁衣之宜兮"为题。

本篇议论主题多在君臣上下关系、君化民之道,也论及君子交友之道与言行准则等。行文风格明显,多先记孔子言论,再引《诗》、《书》、《易》等经文以证明,所引经文或断章取义,未必符合原作旨意。《隋书·音乐志》引梁朝沈约之言,认为本篇与《坊记》、《中庸》、《表记》四篇都取自已亡佚的《子思子》一书;任铭善《礼记目录后案》则认为本篇是《表记》的下篇,而与《坊记》三篇出于一人之手。无论三篇或四篇同出一人之手,其主要考察关键在于,文例多先议论后引书证。

今本《礼记·缁衣》现有两个出土的战国时期的版本可供比对研究,一是1993年在湖北荆门市郭店一号战国楚墓出土的简本《缁衣》篇(见《郭店楚墓竹简》,文物出版社,1998年);一是1994年上海博物馆从香港购回收藏的战国简本《缁衣》篇(见《上海博物馆藏战国楚竹书[一]》,上海古籍出版社,2001年)。

本篇《缁衣第三十三》,全篇选释。

1. 子言之曰:"为上易事也,为下易知也,则刑不烦矣。"

【译文】

孔子说:"做君王的让臣下容易侍奉,做臣下的让君主容易了解,这样就不必多用刑罚了。"

2. 子曰："好贤如《缁衣》^①，恶恶如《巷伯》^②，则爵不渎而民作愿^③，刑不试而民咸服。"《大雅》曰："仪刑文王，万国作孚^④。"

【注释】

①《缁衣》：《诗经·郑风》篇名，诗旨是赞美郑武公好贤下士。

②《巷伯》：《诗经·小雅》篇名，诗旨是讽刺谗人并警告在位者应远离小人。

③渎：滥。愿：敬谨。

④"仪刑"两句：《大雅》，此诗句引自《诗经·大雅·文王》。孚，信。今本《毛诗》作"万邦作孚"。

【译文】

孔子说："如果喜爱贤人就如同《缁衣》所描写一般，厌恶坏人就如同《巷伯》所描写一般，爵位就不会滥授，而人民也会形成敬谨的风气，不必动用刑罚而人民都会服从。"《诗经》说："效法周文王，所有国家都会信服。"

3. 子曰："夫民，教之以德，齐之以礼，则民有格心^①；教之以政，齐之以刑，则民有遁心^②。故君民者，子以爱之，则民亲之；信以结之，则民不倍^③；恭以莅之，则民有孙心^④。《甫刑》曰^⑤：'苗民匪用命^⑥，制以刑，惟作五虐之刑曰法。'是以民有恶德，而遂绝其世也。"

【注释】

①格心：指向善、进取之心。格，至。

②遁心：指逃避刑狱、免于责罚之心。

③倍：通"背"，背叛。

④孙（xùn）：通"逊"，顺也。

⑤《甫刑》：即《吕刑》，《尚书·周书》篇名。甫字，郭店楚墓竹简《缁衣》、上海博物馆藏战国楚竹书《缁衣》皆作"吕"，吕、甫音近可通。该篇内容记西周刑罚，由吕侯受命而作，故名《吕刑》。

⑥苗民：指三苗部族，亦称有苗，原住在长江中游，后被驱赶到今敦煌
　　三危山一带。匪：同"非"。命：政令。

【译文】

　　孔子说："人民，如果用道德来教育他们，用礼义来统领他们，那
么，人民就有向善、进取之心；如果用政令来教训他们，用刑罚来统管
他们，那么人民就只会有逃避刑狱、免于责罚之心。所以，领导人民的
人，对待人民如同爱护自己的儿子，那么人民就会亲近他；如果秉持诚
信来团结人民，那么人民就不会背叛他；如果以恭敬的心情来面对人
民，那么人民就会有顺服之心。《甫刑》说：'三苗不听从政令，就制定
刑罚，制作五种酷虐的刑罚，称为法。'因此而造成三苗品德恶劣，到后
世终于就灭绝了。"

4. 子曰："下之事上也，不从其所令，从其所行。上好是
物，下必有甚者矣。故上之所好恶，不可不慎也，是民之表
也。"子曰："禹立三年，百姓以仁遂焉①，岂必尽仁？《诗》云②：
'赫赫师尹，民具尔瞻。'《甫刑》曰③：'一人有庆，兆民赖之。'
《大雅》曰④：'成王之孚，下土之式。'"子曰："上好仁，则下之
为仁争先人。故长民者章志、贞教、尊仁，以子爱百姓，民致
行己以说其上矣⑤。《诗》云⑥：'有梏德行⑦，四国顺之。'"

【注释】

①遂：达，成。
②《诗》：指《诗经·小雅·节南山》。
③《甫刑》：参本篇3节注⑤。
④《大雅》：指《诗经·大雅·下武》。
⑤说（yuè）：同"悦"。
⑥《诗》：指《诗经·大雅·抑》。
⑦梏（jué）：读为"觉"，大也。今本《毛诗》作"有觉德行"。

【译文】

　　孔子说："臣下侍奉君上，不是听从他的命令，而是服从他的行为。
君上爱好的物事，臣下必然有更爱好的人。所以，君上的喜好与憎恶，

不可以不谨慎,这是人民的表率啊!"孔子说:"禹即位三年,百姓就具有仁的道德了,难道是所有的人本性都具有仁的道德吗?《诗经》说:'显赫的太师尹氏,人民都瞻望着你。'《甫刑》说:'天子一人有善行,兆亿人民仰赖他。'《诗经·大雅》说:'成王的诚信,是臣民的表率。'"孔子说:"君上喜好仁德,那么臣下就会争先恐后地行仁。所以领导人民的人应该彰明心志、导正教化、尊重仁德,爱民如子,人民就会尽心行仁以使君上愉悦了。《诗经》说:'德行宏大而端正,四方之国就会来归顺。'"

5. 子曰:"王言如丝,其出如纶;王言如纶^①,其出如綍^②。故大人不倡游言。可言也,不可行,君子弗言也;可行也,不可言,君子弗行也。则民言不危行^③,而行不危言矣。《诗》云^④:'淑慎尔止,不愆于仪^⑤。'"

【注释】

①纶:由丝线编绞而成的绶带。

②綍(fú):通"绋",牵引棺木的绳索。

③言不危行:即言不高于行,所谓言行一致。危,高。或据王引之《经义述闻·礼记下》"则民言不危行而行不危言矣"条,将"危"读为"诡",释为"违"、"反",亦通;"言不危行",即言不违于行。

④《诗》:指《诗经·大雅·抑》。

⑤愆(qiān):过失。今本《毛诗》作"愬"。

【译文】

孔子说:"天子讲的话假如是像丝那么细,传到外边会给放大到像绶带那么粗;天子讲的话假如是像绶带那么粗,传到外边会给放大到像拉棺材的绳子那么粗。所以,在上位者不能提倡那种虚浮不实的话。可以说而不可以做的话,君子就不说;可以做而不可以说的事,君子就不做。那么,民众就言不会高于行,行也不高于言。《诗经》说:'你的容止要善美谨慎,不要使礼仪有过失。'"

6. 子曰:"君子道人以言^①,而禁人以行。故言必虑其所终,而行必稽其所敝,则民谨于言而慎于行。《诗》云②:'慎尔出话,敬尔威仪。'《大雅》曰③:'穆穆文王,於缉熙敬止④。'"

【注释】

①道(dǎo):引导。

②《诗》:指《诗经·大雅·抑》。

③《大雅》:指《诗经·大雅·文王》。

④於:叹词。缉熙:光明。敬止:敬慎,"止"是语词。

【译文】

孔子说:"君子以言语引导人民向善,而以行动制止人民作恶。所以,说话时必定考虑最终的结果,行动时必定核查可能的弊端,那么人民就会谨言慎行。《诗经》说:'你说出话语要谨慎,你显示仪态要端庄。'《大雅》说:'堂堂皇皇,美好文王,啊! 多么光明,多么敬慎!'"

7. 子曰:"长民者,衣服不贰①,从容有常,以齐其民,则民德壹。《诗》云②:'彼都人士,狐裘黄黄,其容不改,出言有章;行归于周,万民所望。'"

【注释】

①贰:差池。

②《诗》:指《诗经·小雅·都人士》。

【译文】

孔子说:"领导人民的人,衣服要有一定的样式,言行举止要从容有规矩,以身作则来规范人民,那么,人民的道德就能够齐一。《诗经》说:'那京都的人士呀! 穿着黄黄的狐皮裘衣,他们的容止规矩合度,说话有条理有文采;他们回到周都镐京,是万民仰望效仿的榜样。'"

8. 子曰:"为上可望而知也,为下可述而志也,则君不疑于其臣,而臣不惑于其君矣。《尹吉》曰①:'惟尹躬及汤,咸有壹德。'《诗》云②:'淑人君子,其仪不忒。'"

【注释】

①《尹吉》：郑玄指出，"吉"为"告"字之误，《尹吉》当作《尹告》，《尹告》即《伊尹之诰》，《书序》认为即《咸有壹德》，已亡佚。郭店楚墓竹简《缁衣》、上海博物馆藏战国楚竹书《缁衣》皆作"尹诰"，证明郑注可信。

②《诗》：指《诗经·曹风·鸤鸠》。

【译文】

孔子说："做人君的表里一致，使臣子一望而可知其思想；做臣子的诚恳坦然，使人君看到外貌就可以知晓心志，那么，人君就不会怀疑他的臣子，而臣子也不会怀疑人君了。《尹诰》说：'伊尹自己与汤，都有专一不变的道德。'《诗经》说：'善人君子，他的仪表没有差错。'"

9. 子曰："有国者，章善瘅恶①，以示民厚，则民情不贰。《诗》云②：'靖共尔位③，好是正直。'"

【注释】

①瘅（dǎn）：憎恶。

②《诗》：指《诗经·小雅·小明》。

③靖：安。共（gōng）：通"恭"。

【译文】

孔子说："领导国家的人，要表彰良善、憎恨罪恶，向人民展现淳厚的政风，那么，人民就能团结齐一。《诗经》说：'安详恭谨地恪守你的职位，喜好这种正直的人。'"

10. 子曰："上人疑则百姓惑，下难知则君长劳。故君民者章好以示民俗，慎恶以御民之淫，则民不惑矣。臣仪行①，不重辞，不援其所不及，不烦其所不知，则君不劳矣。《诗》云②：'上帝板板③，下民卒瘅④。'《小雅》曰⑤：'匪其止共⑥，惟王之邛⑦。'"

【注释】

①仪：郑注认为应是"义"字，音近致误。

②《诗》:指《诗经·大雅·板》。郑注:"君使民惑之诗。"

③上帝:托言君王。板板:乖戾邪僻。

④卒:尽。痒:病。

⑤《小雅》:指《诗经·小雅·巧言》。郑注:"臣使君劳之诗。"

⑥匪:同"非"。止:容止。共(gōng):通"恭"。

⑦邛(qióng):劳病。

【译文】

孔子说:"君上多疑而好恶不定,百姓就困惑而无所适从;臣下心意难以知晓,君上就会非常辛劳。所以,治理人民的人,要表彰良善以昭示人民良好的风俗,要惩戒罪恶以防止人民放纵奢侈,那么,人民就不会困惑了。臣下遵行应做的事,不尚空谈,不强求君上去做那些做不到的事,不烦扰君上去纠缠那些搞不清的事,那君上就不会太辛劳了。《诗经》说:'上帝假如乖戾邪僻,臣民因此受尽困厄。'《小雅》说:'他不是在奉行职责,他是让君王备受辛苦。'"

11. 子曰:"政之不行也,教之不成也,爵禄不足劝也,刑罚不足耻也。故上不可以亵刑而轻爵。《康诰》曰①:'敬明乃罚。'《甫刑》曰②:'播刑之不迪③。'"

【注释】

①《康诰》:《尚书·周书》篇名。即康叔之诰,内容是西周早期康叔受封时,武王告诫之辞。

②《甫刑》:参本篇3节注⑤。

③播:传布。不:郑玄以为是衍字,《尚书·吕刑》作"播刑之迪"。迪,道。

【译文】

孔子说:"政令不能施行,教化不能成功,这是由于封爵、俸禄不当而不足以劝勉臣民守法向善,刑法惩罚失据而不足以使人民感到耻辱。所以,居于上位的人不可以滥用刑罚且轻率地封赏、俸禄。《康诰》说:'要敬谨明察你所执行的刑罚。'《甫刑》说:'颁布刑罚要根据道理。'"

12. 子曰:"大臣不亲,百姓不宁,则忠敬不足,而富贵已过也。大臣不治,而迩臣比矣①。故大臣不可不敬也,是民之表也;迩臣不可不慎也,是民之道也。君毋以小谋大,毋以远言近,毋以内图外,则大臣不怨,迩臣不疾,而远臣不蔽矣。叶公之顾命曰②:'毋以小谋败大作,毋以嬖御人疾庄后③,毋以嬖御士疾庄士——大夫、卿、士④。'"

【注释】

①迩臣:近臣。比:私下相亲。

②叶公之顾命:孙希旦《礼记集解》认为"叶"字当为"祭"(zhài)字之误,指祭公(字谋父)临终前告诉周王的话,事见《逸周书·祭公解》。顾命,临死前的遗言。

③嬖(bì)御人:指宠妾。庄后:端庄得体的后妃。

④庄士:据孔疏,指士之齐庄得礼者,今为大夫、卿、士。

【译文】

孔子说:"大臣与国君不相亲,百姓生活不安宁,这是因为国君不敬重大臣、大臣不忠于国君,而安享富贵却已过度。大臣不治理国政,近臣就会朋比为奸。所以,国君不可以不敬重大臣,大臣是人民的表率;国君不可以不慎择近臣,近臣是人民的引导者。国君勿与小臣谋议大臣的事,勿与远臣谈论近臣的事,勿与内臣商讨外臣的事;那样,大臣就不会有怨怼,近臣就不会有非议,远臣就不会障蔽了。叶公在遗嘱中说:'不要因为小计谋而败坏了大作为,不要因为宠妾而非议端庄的后妃,不要因为宠臣而非议庄重的端正之士——大夫、卿、士。'"

13. 子曰:"大人不亲其所贤,而信其所贱,民是以亲失,而教是以烦。《诗》云①:'彼求我则②,如不我得。执我仇仇③,亦不我力。'《君陈》曰④:'未见圣,若己弗克见⑤;既见圣,亦不克由圣⑥。'"

【注释】

①《诗》:指《诗经·小雅·正月》。

②则:马瑞辰《毛诗传笺通释》释为句末语助词,无义。

③仇仇:犹謷謷,傲慢。

④《君陈》:《尚书》篇名。

⑤克:能。

⑥由:用。

【译文】

　　孔子说:"在上位者不亲近有德的贤人,而信任鄙贱无德的小人,人民会因而失去他们所应亲近的准则,而政教因此会变得烦乱。《诗经》说:'那君王有求于我的时候,好像唯恐得不到的样子。等得到了我之后就变得傲慢,也不重用我。'《君陈》说:'在尚未见到圣人时,就好像自己不能见到圣人一般;等已经见到圣人了,又不能遵用圣人之道。'"

14. 子曰:"小人溺于水①,君子溺于口,大人溺于民,皆在其所亵也。夫水近于人而溺人,德易狎而难亲也②,易以溺人。口费而烦③,易出难悔,易以溺人。夫民闭于人而有鄙心④,可敬不可慢,易以溺人。故君子不可以不慎也。《太甲》曰⑤:'毋越厥命以自覆也⑥。''若虞机张⑦,往省括于厥度则释⑧。'《兑命》曰⑨:'惟口起羞,惟甲胄起兵,惟衣裳在笥⑩,惟干戈省厥躬。'《太甲》曰:'天作孽,可违也;自作孽,不可以逭⑪。'《尹吉》曰⑫:'惟尹躬天见于西邑夏⑬,自周有终⑭,相亦惟终。'"

【注释】

①小人:据陈澔《礼记集说》,小人指民,以下君子指士大夫,大人指天子诸侯。

②德:指水的特点。狎:轻狎,轻慢。

③费:言多而不行。"口费而烦"以下三句,乃针对"君子溺于口"加以申说。

④闭:阻塞。人:人情事理。

⑤《太甲》:《尚书》篇名。

⑥厥:其。覆:败。

⑦虞:管理田猎之地的官员。机:弩牙,本指弩机钩弦的部件,此代指弩机。弩机是安在弩弓臂后部的机械装置,用以控制发射。

⑧括:矢括,指箭的末端。度:打算射箭的角度。释:放。

⑨《兑命》:《尚书》篇名,参《学记》2 节注①。

⑩衣裳:指朝祭之服。笥:衣箱。

⑪逭(huàn):逃。

⑫《尹吉》:即《尹诰》,《尚书·周书》篇名,参本篇 8 节注①。

⑬天:郑注认为是"先"字之误。西邑夏:指夏都安邑,位处商都亳之西,故称"西邑夏"。

⑭周:郑注:"忠信为周。"周本有周备严密之意,君子尽忠守信,人格周备,故引申有忠信之意。《论语·为政》:"君子周而不比,小人比而不周。"

【译文】

　　孔子说:"小人被水淹死,君子被口淹死,在上位者被人民淹死,这都是因为他们轻亵不慎所造成的。人容易与水接近却会被水淹死,因为水德柔弱易于轻慢狎玩而难于亲和,这就是小人被水淹死。说话尽是空话而烦扰多多,过头话容易说出而难以反悔,这就是君子被口淹死。百姓不通人情而有卑鄙之心,在上位者要敬谨面对而不可怠慢,这就是在上位者被民众淹死。所以,君子不可以不谨慎也。《太甲》说:'勿逾越天命以自取覆灭。''如同虞人的弩机张开后,还要往前看清箭端至目标的角度,看准了再发射。'《说命》说:'说话的嘴可能招来羞辱,防身的甲胄可能引起战争,用于朝祭的服装却放在衣箱里,要大动干戈动武兴兵还是先自我察省。'《太甲》说:'上天作孽兴灾,还能避开;自己作孽惹祸,却是无所遁逃。'《尹诰》说:'伊尹我的先人曾亲见西邑夏的先君,他们国君自始至终都能以忠信相待,辅政大臣也能一直奉行忠信到最后。'"

15. 子曰:"民以君为心,君以民为体。心庄则体舒,心肃则容敬。心好之,身必安之;君好之,民必欲之。心以体全,亦以体伤;君以民存,亦以民亡。《诗》云①:'昔吾有先正,其言明且清,国家以宁,都邑以成,庶民以生。''谁能秉国成,不自为正,卒劳百姓。'《君雅》曰②:'夏日暑雨,小民惟曰怨③;资冬祁寒④,小民亦惟曰怨。'"

【注释】

①《诗》:以下"昔吾"至"以生"前五句,今本《毛诗》未见,当是逸诗;后"谁能"指"卒劳"等句引自《诗经·小雅·节南山》。

②《君雅》:郑注据《书序》以为当作"君牙",郭店楚墓竹简《缁衣》正引作"君牙",《尚书》佚篇名。

③曰:此与下文的"曰"均当作"日",郭店楚墓竹简《缁衣》、上海博物馆藏战国楚竹书《缁衣》俱作"日",应是秦汉传抄致误。日,指太阳,引申为老天,表面上指太阳在冬夏不能以日照适时调节天候,使得百姓无力对抗寒热雨旱,因此怨天,实乃借日喻君。

④资:郑注以为是"至"字之误,因齐鲁方言致误。祁:《伪古文尚书》孔传释为"大"。

【译文】

孔子说:"人民把君主当作自己的心,君主把人民当作自己的身体。心庄正,身体就能感到舒畅;心肃穆,容止就会显得敬谨。心里喜欢,身体必能安适;君主爱好,人民必定也爱好。心在身体之内而受到保护,也因身体牵累而受到伤害;君主依靠人民而存在,也因人民而灭亡。《诗经》说:'以前我们有位先君,他的言论明白而清楚,国家因此得到安宁,都城因此得以建成,百姓因此得以安生。''有谁能好好执掌国政,不自以为是,让百姓老是劳累受苦!'《君牙》说:'夏季天气暑热又多雨,小老百姓会抱怨老天;冬季天气又大冷,小老百姓也会抱怨老天。'"

16. 子曰:"下之事上也,身不正,言不信,则义不壹,行无类也。"

【译文】

孔子说:"臣下侍奉君上,自身不行正道,说话不讲信用,那么就会道义不守专一,行为没有准则。"

17. 子曰:"言有物而行有格也①,是以生则不可夺志,死则不可夺名。故君子多闻,质而守之②;多志③,质而亲之;精知,略而行之④。《君陈》曰⑤:'出入自尔师虞⑥,庶言同⑦。'《诗》云⑧:'淑人君子,其仪一也。'"

【注释】

①格:法规。

②质:主。

③多志:据郑注,指广博地与人交往。

④略:约要。

⑤《君陈》:《尚书》篇名。

⑥师:众。虞:谋虑。

⑦庶:众。

⑧《诗》:指《诗经·曹风·鸤鸠》。

【译文】

孔子说:"说话有具体内容而行事有遵循的法规,所以活着的时候就不能夺走他的志向,死了也不能夺走他的名声。因此,君子闻见要广博,确定基本原则少而精,实行它、恪守它;君子交往要广泛,选择挚友少而精,友善它、亲近它;君子谋虑要广阔,制定计划少而精,执行它、实现它。《君陈》说:'政令出入都来自众臣的谋虑,众人赞同再实行。'《诗经》说:'善人君子,他的威仪始终如一。'"

18. 子曰:"唯君子能好其正,小人毒其正。故君子之朋友有乡①,其恶有方;是故迩者不惑,而远者不疑也。《诗》云②:'君子好仇③。'"

【注释】

①乡(xiàng):通"向",方向。

②《诗》:指《诗经·周南·关雎》。

③好仇(qiú):理想的配偶。仇,今本毛诗作"逑"。

【译文】

孔子说:"只有君子能喜欢别人纠正自己的失误,小人会痛恨别人纠正自己的失误。所以,君子结交朋友有一定原则,他讨厌别人也必有一定道理;因此,远近之人都信任他,靠近他的人不会感到迷惑,远离他的人也不会怀疑他。《诗经》说:'君子的理想配偶。'"

19. 子曰:"轻绝贫贱,而重绝富贵,则好贤不坚而恶恶不著也。人虽曰不利,吾不信也。《诗》云①:'朋友攸摄②,摄以威仪。'"

【注释】

①《诗》:指《诗经·大雅·既醉》。

②攸:所。摄:辅助,佐理。

【译文】

孔子说:"轻易与贫贱者绝交,而难以与富贵者绝交,就是喜好贤人的志意不坚定,而厌弃恶人的态度不明确。虽然有人说他是不为利,我也决不相信。《诗经》说:'朋友交往要辅助佐理,辅助佐理靠的是礼仪。'"

20. 子曰:"私惠不归德①,君子不自留焉。《诗》云②:'人之好我,示我周行。'"

【注释】

①私惠:私下赠送礼物。

②《诗》:指《诗经·小雅·鹿鸣》。

【译文】

孔子说:"私下送礼不符合公德的,君子不把这样的人留在身边。《诗经》说:'喜爱我的人,为我指示坦荡大道。'"

21. 子曰:"苟有车,必见其轼①;苟有衣,必见其敝②;人苟或言之,必闻其声;苟或行之,必见其成。《葛覃》曰③:'服之无射④。'"

【注释】

①轼：车上供凭扶的横木。

②敝：通"蔽"，遮蔽。

③《葛覃》：《诗经·周南》篇名。

④服之无射(yì)：今本《葛覃》第二章作："是刈是濩，为絺为绤，服之无斁。"意谓妇人割取、濩煮葛草，用来织粗细不同的葛布，将自制的衣服穿在身上一点也不厌倦。《葛覃》一诗本写出嫁妇人归宁父母前的喜悦之情。射，同"斁"，厌也。

【译文】

孔子说："如果有车子，必定能看到车上供人凭靠的车轼；如果有衣服，必定能看到它用来遮蔽身体；如果有人在说话，必定能听到他的声音；如果有人在做事，必定能看到他最后做成。《葛覃》说：'这衣服穿着从不感到厌倦。'"

22. 子曰："言从而行之，则言不可饰也；行从而言之，则行不可饰也。故君子寡言，而行以成其信，则民不得大其美而小其恶。《诗》云①：'白圭之玷②，尚可磨也；斯言之玷，不可为也。'《小雅》曰③：'允也君子，展也大成。'《君奭》曰④：'昔在⑤，上帝周田观文王之德⑥，其集大命于厥躬。'"

【注释】

①《诗》：指《诗经·大雅·抑》。

②玷(diàn)：圭玉上的斑点。

③《小雅》：指《诗经·小雅·车攻》。

④《君奭(shì)》：《尚书·周书》篇名。奭为周召公之名，内容为周公劝勉召公之言。

⑤在：通"哉"。

⑥周田观：郑玄根据古文改作"割申劝"，郭店楚墓竹简《缁衣》作"割绅观文王之德"。据此应订为"割绅观文王之德"。今本"周"为"害"字

之误,害、割古通,割、盖也。申、绅可通,有重申、一再之意。可参见
屈万里《尚书集释》。

【译文】

孔子说:"说了之后跟着就去做,那么所说的话就不能掩饰;做了
之后跟着就来说,那么所做的事就不能掩饰。所以,君子总是少说话,
而以实际行动成就他的诚信。这样,人民就不能夸大自己的美好而缩
小自己的丑恶。《诗经》说:'洁白的玉圭上有斑点,还可以打磨清除;
说出的话有了污点,那可就无法挽回。'《小雅》说:'实在是君子呀!果
真有大作为。'《君奭》说:'从前,上帝反复观察文王的德行,才将统一
天下的天命降于他的身上。'"

23. 子曰:"南人有言曰:'人而无恒,不可以为卜筮。'古
之遗言与①? 龟筮犹不能知也,而况于人乎?《诗》云②:'我龟
既厌,不我告犹。'《兑命》曰③:'爵无及恶德,民立而正事。纯
而祭祀④,是为不敬;事烦则乱,事神则难。'《易》曰⑤:'不恒其
德,或承之羞。''恒其德,侦⑥,妇人吉,夫子凶。'"

【注释】

①与:通"欤",疑问语气词。
②《诗》:指《诗经·小雅·小旻》。
③《兑命》:《尚书》篇名,参《学记》2 节注①。
④纯:郑注"或为烦",繁多之意。
⑤《易》:《周易·恒卦》九三、六五爻辞。
⑥侦:今本《周易》作"贞"。贞,占问。

【译文】

孔子说:"南方人有俗话说:'人如果情性无常,就不可以为他卜卦、
占筮。'这是古代留下来的话吧? 龟卜、占筮尚且不能知道这种人的吉
凶,更何况是人呢?《诗经》说:'我们的灵龟已经厌烦了,不会告诉我们
吉凶之道了。'《说命》说:'爵位不能授予那些道德恶劣的人,否则,人民
将误以为他们是正道而仿效。过繁地祭祀,是对神明不敬;事情过于纷
繁就会烦乱,祭祀神鬼就难以祈福。'《周易》说:'不能恒久地保持德行,
有时就会蒙受羞辱。''能恒久地保持德行,贞问,妇人吉,男子凶。'"

冠　义

【题解】

郑玄《礼记目录》云：“名曰‘冠义’者，以其记冠礼成人之义。”

冠，指加冠礼。古代男子成年时，举行加冠典礼以表示成人，本篇主旨就是解释《仪礼·士冠礼》的意义。本篇首先强调冠礼乃“礼之始”，古代圣王重视冠礼；其次乃就《士冠礼》的若干具体仪节，如筮日、筮宾、冠于阼、命字、见母与兄弟、见君卿大夫乡先生等，阐释其意义；然后反复申说冠礼的重要性。《礼记》从《冠义》起，有《昏（婚）义》、《射义》、《乡义》、《燕义》、《聘义》等一连六篇诠释礼经（《仪礼》）相关篇章的意义。

本篇《冠义第四十三》，全篇选释。

1. 凡人之所以为人者，礼义也。礼义之始，在于正容体、齐颜色、顺辞令。容体正，颜色齐，辞令顺，而后礼义备。以正君臣、亲父子、和长幼。君臣正，父子亲，长幼和，而后礼义立。故冠而后服备[①]，服备而后容体正、颜色齐、辞令顺。故曰：“冠者，礼之始也。”是故古者圣王重冠。

【注释】

①冠（guàn）：加冠礼。

【译文】

人之所以成为人，是因为有礼义。礼义的起始，在于端正容貌体态、神色表情得体恰当、言语辞令合宜顺畅。容貌体态端正，神色表情得体恰当，言语辞令合宜顺畅，然后礼义的要素就算齐备了。其次，在于君臣关系正确、父子情感亲善、长幼相处和睦。君臣关系正确，父子情感亲善，长幼相处和睦，而后礼义就算确定了。因此，举行加冠礼之后，服装就会完备，服装完备之后，才能容貌体态端正，才能神色表情得体恰当，才能言谈辞令合宜顺畅。所以说：“冠礼，是一切礼的开始。”因此，古代圣王都重视冠礼。

2. 古者冠礼筮日、筮宾①,所以敬冠事。敬冠事所以重礼,重礼所以为国本也。

【注释】

①筮日:使用蓍草占问吉日。

【译文】

古代举行冠礼时,要先占筮以决定行礼的吉日与协助行礼的贵宾,这是因为敬重冠礼的缘故。敬重冠礼是因为重视礼,重视礼是因为礼是国家的根本。

3. 故冠于阼①,以著代也。醮于客位②,三加弥尊③,加有成也。

【注释】

①阼:堂前东阶,主人之位。

②醮(jiào):一种饮酒的仪节。主人酌酒于宾,宾饮后不必回敬。客位:在户西。此后三句,《仪礼·士冠礼》记文作:"醮于客位,加有成也;三加弥尊,谕其志也。"略异。

③三加:行冠礼时,初加缁布冠,次加皮弁,最后加爵(què)弁,三次加冠一次比一次尊贵。

【译文】

所以冠礼在阼阶上举行,以表明成年后的受冠者具备代父亲理事的含义。在户西客位上向宾客酌酒,三次所加之冠,一次比一次更尊贵,这都是勉励尊重受冠者已经成年独立了。

4. 已冠而字之①,成人之道也。见于母,母拜之,见于兄弟,兄弟拜之。成人而与为礼也。玄冠、玄端②,奠挚于君③,遂以挚见于乡大夫、乡先生④,以成人见也。

【注释】

①字:取字。成年后,在外以字行。

②玄端：一种黑色的礼服。

③奠挚：把见面礼放在地上，因为国君位尊，不敢亲自递交，只敢放在
  地上。挚，见面礼。

④乡大夫："乡"为"卿"字之讹。乡先生：指卿大夫退休后居住在乡
  里的。

【译文】

　　已经加冠后就取字，这是成人的标志。然后去见母亲，母亲要向
他行拜礼；见到兄弟，兄弟也要向他行拜礼。这都是因为他已经是成
人了，要向他行成人之礼了。戴着黑色的礼冠、穿着黑色的礼服，将见
面礼放在地上拜见国君，然后带着见面礼去拜见卿大夫、乡先生，都是
以成人之礼拜见。

5. 成人之者，将责成人礼焉也①。责成人礼焉者，将责
为人子、为人弟、为人臣、为人少者之礼行焉。将责四者之行
于人，其礼可不重与②？

【注释】

①责：求。

②与：通"欤"。

【译文】

　　已经成年的人，就要以成人之礼要求他。所谓以成人之礼要求
他，就是要求他按照为人之子、为人兄弟、为人臣下、为人晚辈的礼节
行事。要冠者用这四方面的礼待人行事，那冠礼能不特别重视吗？

6. 故孝弟忠顺之行立，而后可以为人，可以为人，而后可
以治人也。故圣王重礼。故曰："冠者，礼之始也，嘉事之重
者也①。"

【注释】

①嘉事：即嘉礼，五礼之一。古人把礼分为吉、凶、军、宾、嘉五种，其中
  冠、婚、饮食、射、燕飨等皆属嘉礼。

【译文】

　　所以孝顺父母、友爱兄弟、忠诚君王、顺从长辈的行为做到了，然后才算可以做人。可以做人，然后才能够治理人。所以圣王重视礼。所以说："冠礼，是礼的开始，是嘉礼中最重要的。"

7. 是故古者重冠，重冠故行之于庙。行之于庙者，所以尊重事。尊重事，而不敢擅重事；不敢擅重事，所以自卑而尊先祖也。

【译文】

　　所以，古代重视冠礼，因为重视冠礼，所以冠礼是在宗庙举行的。之所以在宗庙举行，是因为对冠礼这种重要事务非常尊崇。对冠礼这种重要事务非常尊崇，因而重要事务不敢擅自做主；对重要事务不敢擅自做主，所以行冠礼要在宗庙举行，表示谦卑而尊敬祖先。

昏 义

【题解】

郑玄《礼记目录》云："名曰'昏义'者，以其记娶妻之义、内教之所由成也。"

古代婚礼在黄昏举行，所以古本写作"昏礼"。本篇主旨是诠释《仪礼·士昏礼》的意义，其中特别强调的是"妇顺"之道，古人认为妇顺则家和，家和足以兴邦，所以说"昏礼者，礼之本也"。

本篇1～7节与《士昏礼》关系较密切：第1、2节，从婚礼亲迎前至完婚后，针对其中几种仪节，加以诠释其礼义；第3、4节，泛论婚礼及其他诸礼的重要性；第5、6节，记新妇在完婚后的翌日，"待晓堂前拜舅姑"的仪节与意义；第7节，记录女子出嫁前必须完成妇道教化的时间、地点、内容、意义。第8、9节，则与《士昏礼》关系较远，从夫妇有义、男女有别，进一步推衍至天子、王后各主外政、内政，各领六宫、六官教化统一天下，一如天地相辅、阴阳相济。

本篇《昏义第四十四》，全篇选释。

1. 昏礼者，将合二姓之好，上以事宗庙，而下以继后世也，故君子重之。是以昏礼纳采、问名、纳吉、纳征、请期①，皆主人筵几于庙②，而拜迎于门外，入，揖让而升，听命于庙，所以敬慎、重正昏礼也。

【注释】

①纳采：据《仪礼·士昏礼》，古代婚礼迎娶有六道主要仪节，即：纳采、问名、纳吉、纳征、请期、亲迎，俗称"六礼"，本节先谈前五礼，亲迎见下节。在行六礼之前必须先"下达"，即男方请媒人至女方表达提亲之意，女方同意后才"纳采"。纳采是指男方备礼派人至女方家，表示已选择其女为婚配对象，正式请女方接受此选择。纳，接纳。采，

选择。问名：纳采后，男方请媒人询问女方的名字。《曲礼》："男女
非有行媒，不相知名。"古代男女不经过媒人无以得知彼此名字，男
方主动问名的目的是为了要占问婚事吉凶。纳吉：问名占卜得吉
兆，男方就请媒人至女方家，请女方接纳此吉兆，谓之纳吉。征：聘
礼。纳吉后，男方派媒人至女方家致送聘礼，又称"纳币"。请期：纳
征后，男方经过占卜选出婚礼的吉日，派媒人至女方报告，征得女方
同意，表示尊重。

②主人：指女方家长。筵（yán）：坐席。以下仪节，据《仪礼·士昏礼》，
男方行媒至女方时，女方要在宗庙接待行礼，以示敬慎。

【译文】

所谓婚礼，是用以结合两姓家族的欢好，对上得以祭祀宗庙祖先，
对下得以传宗接代延续子嗣，所以君子重视它。因此，婚礼中的纳采、
问名、纳吉、纳征、请期五道仪节，都由女方主人在宗庙设置坐席、几
案，然后亲自在庙门外拜迎男方媒人，进入宗庙后，拱手行礼，引导来
宾升堂，并在庙堂上聆听媒人转达男方的各种意见，如此是为了表示
对婚礼敬谨、审慎、尊重、正规的态度。

2. 父亲醮子而命之迎①，男先于女也。子承命以迎，主
人筵几于庙，而拜迎于门外。婿执雁入②，揖让，升堂，再拜③，
奠雁，盖亲受之于父母也。降，出，御妇车，而婿授绥④，御轮
三周⑤，先俟于门外。妇至，婿揖妇以入。共牢而食，合卺而
酳⑥，所以合体、同尊卑以亲之也。

【注释】

①父亲：指男方主人。醮子：男方至女方家亲迎之前，男方主人向儿子
敬酒，并期勉儿子传承之责，醮辞可参《仪礼·士昏礼·记》。醮，参
《冠义》3节注②。

②雁：婿所执的见面礼。

③再拜：拜两次。据《仪礼·士昏礼》"奠雁，再拜稽首，降出"，婿应该
是先把雁放下，然后再拜，《昏义》此处颠倒。

④绥：登车时用以挽持的绳索。

⑤御轮三周：指婿亲自驾车使车轮绕三圈后，就交由随从车夫驾车。

⑥卺(jǐn)：饭后用以盛酒漱口的容器，将瓠瓜剖成两半以为瓢，夫妇各持一半，以示"合体"。酳(yìn)：食毕以酒漱口。

【译文】

男方的父亲向儿子敬酒，然后命他亲自去迎娶，这是表示由男方相迎于前而女方相随于后。儿子秉承父亲的命令去迎亲，女方主人在宗庙设置坐席几案，然后亲自在庙门外拜迎。婿带着雁进庙门，拱手行礼相让升上庙堂，放下雁，拜两次，这是表示他亲自从女方父母手中迎受新妇。婿下堂，出门，驾驶新妇乘坐的车，然后婿把登车绳交给新妇让她挽持上车，驾着车子让车轮转三圈，将车子交给随行车夫驾驶，然后先行回到自己家门外等候。新妇到时，婿拱手行礼，请新妇入门。新人共同吃饭，吃同一组牲牢。饭后，饮酒漱口，这是用同一个瓠瓜剖成的两半，两人各持一瓢盛酒而饮。这两种仪节表示夫妇从此合为一体、同尊卑，相亲相爱。

3. 敬慎重正而后亲之，礼之大体而所以成男女之别①，而立夫妇之义也。男女有别，而后夫妇有义；夫妇有义，而后父子有亲；父子有亲，而后君臣有正。故曰："昏礼者，礼之本也。"

【注释】

①礼之大体而：或说此五字为衍文。

【译文】

举行婚礼，敬谨、审慎、尊重、正规，然后夫妇相亲相爱，这是礼的要点，用以认定男女之别，而确保夫妇之间的道义。男女有别，而后确保夫妇之间有道义；夫妇之间有道义，而后父子之间就能亲和；父子之间能亲和，而后才有正确的君臣关系。所以说："婚礼，是礼的根本。"

4. 夫礼，始于冠，本于昏，重于丧祭，尊于朝聘，和于乡射，此礼之大体也。

【译文】

礼,冠礼是起始,婚礼是根本,丧礼、祭礼最隆重,朝礼、聘礼最尊贵,乡饮酒礼和乡射礼最和谐,这是礼的主要内容。

5. 夙兴①,妇沐浴以俟见。质明②,赞见妇于舅姑③,妇执笲——枣、栗、段脩以见④。赞醴妇⑤,妇祭脯醢⑥,祭醴,成妇礼也。舅姑入室,妇以特豚馈⑦,明妇顺也。厥明⑧,舅姑共飨妇以一献之礼⑨,奠酬,舅姑先降自西阶,妇降自阼阶,以著代也。

【注释】

①夙兴:早起。本节简述为妇之礼,即婚后新妇拜见舅姑的各项仪节的意义。仪节详见《仪礼·士昏礼》。

②质明:指天刚亮,成婚后隔天。质,正。

③赞:协助行礼的人。见(xiàn):同"现"。舅姑:即公公、婆婆。

④笲(fán):竹制的容器,盛放下文所说的"枣、栗、段脩"。段脩:指用佐料加以捶治的肉干。段,通"股"。

⑤赞醴妇:赞者代表舅姑向新妇进醴酒。

⑥祭:指食前祭饮食之神的礼仪。醢(hǎi):肉酱。

⑦特豚:一只煮熟的小猪。据《仪礼·士昏礼》:"舅姑入于室,妇盥馈,特豚,合升,侧载,无鱼、腊,无稷,并南上。"

⑧厥明:据孙希旦《礼记集解》,指明日,即成婚后第三天早上。

⑨飨:以酒食招待人。一献之礼:饮酒之礼,参《乐记》21节注③。

【译文】

成婚后第二天一早起床,新妇洗头洗澡以等候拜见公婆。天刚亮时,赞者带领新妇去拜见公婆。新妇带着盛放枣子、栗子、干肉的笲拜见公婆。赞者代表公婆向新妇进醴酒,新妇用肉条、肉酱行祭食礼,用醴酒行祭食礼,完成了为人媳妇之礼。公婆回到室中,新妇进献一只煮熟的小猪等食物,这是用以表明新妇顺从公婆的心意。第三天早上,公婆一起招待新妇,行一献之礼,新妇再次拿到公婆酬答的酒后,放在食物的左侧不再饮用。然后,公婆从西边客阶先下堂,新妇则从东边阼阶下堂,这是用以显示新妇此后将接替婆婆料理家务。

6. 成妇礼,明妇顺,又申之以著代,所以重责妇顺焉也。妇顺者,顺于舅姑,和于室人,而后当于夫①,以成丝麻、布帛之事,以审守委积、盖藏②。是故妇顺备而后内和理,内和理而后家可长久也,故圣王重之。

【注释】

①当:称,配合。
②委积:财物。盖藏:储粮。

【译文】

完成为人媳妇之礼,表明媳妇顺从公婆的心意,又显示了媳妇此后将接替婆婆料理家务,这都是为了特别强调为人媳妇要顺从。所谓媳妇顺从,指顺从公婆,使家人关系和谐,而后才能与丈夫的地位作用相称,据以完成纺丝、制麻、织造布帛的工作,据以严格地保守住家庭的财产、粮食、房屋、收藏。所以,媳妇具备了顺从的德行,而后家庭就能和谐有条理。家庭和谐有条理,而后家就可以长长久久绵延不绝,所以圣王特别重视妇顺之德。

7. 是以古者妇人先嫁三月①,祖庙未毁②,教于公宫③;祖庙既毁,教于宗室④。教以妇德、妇言、妇容、妇功。教成,祭之,牲用鱼,芼之以蘋藻⑤,所以成妇顺也。

【注释】

①先嫁三月:出嫁前三个月。此节针对与国君同姓同族的许嫁女子而言。
②祖庙未毁:据孔疏,这是指许嫁女子与国君的关系是同一高祖(由自己往上数四世祖先)的,这样,其高祖之庙则尚未迁毁。如果许嫁女子与国君高祖之上的祖先才相同(关系更为疏远),则许嫁女子之高祖庙已迁毁了。
③公:指国君。
④宗室:据郑注,指宗子之家。
⑤芼(mào):做羹汤所用的菜。

【译文】

所以，古代妇女在出嫁前三个月，如果高祖之庙还没迁毁，就在国君的宫室教育她；如果高祖之庙已经迁毁，就在宗子的宫室教育她。教她学习为人媳妇应具备的德行、为人媳妇应说的言语辞令、为人媳妇应维持的容貌装扮、为人媳妇应该做的事功。教育完成后，就祭告祖先，祭牲用鱼，以蘋、藻调和羹汤，这是为了使她养成为妇顺从的品行。

8. 古者天子，后立六宫①，三夫人、九嫔、二十七世妇、八十一御妻，以听天下之内治②，以明章妇顺，故天下内和而家理。天子立六官③，三公、九卿、二十七大夫、八十一元士，以听天下之外治，以明章天下之男教，故外和而国治。故曰：天子听男教，后听女顺；天子理阳道，后治阴德；天子听外治，后听内职。教顺成俗，外内和顺，国家理治，此之谓盛德。

【注释】

①六宫：六座寝宫，据孙希旦《礼记集解》，自三夫人至八十一御妻皆分
　属六宫，以辅佐王后管理内治。
②内治：指料理家政、操持家务。
③六官：指管理国务的主要机构与负责官吏，具体所指，其说不一。或
　说，天官冢宰、地官司徒、春官宗伯、夏官司马、秋官司寇、冬官司空，
　合称"六官"。

【译文】

古代的天子，王后设立六宫，置三夫人、九嫔、二十七世妇、八十一御妻，以管理天下之家政、家务之事，以彰显妇女顺从的德行，所以，使得天下所有的家庭都能内部和谐而管理有方。天子设立六官，置三公、九卿、二十七大夫、八十一元士，以管理天下之政事、政务，以明确天下男子的教育，因此，政治和睦而国家安定。所以说：天子负责对男子教化，王后负责令女子顺从；天子管理阳刚之道，王后管理阴柔之德；天子负责王宫之外的国家政事、政务，王后负责王宫之内的家政家务。男子受到良好教化，女子养成顺从品行，全国形成良好风俗；王宫

之外和和睦睦,王宫之内和和顺顺,国家治理得井井有条,这就是天子与王后伟大的德行。

9. 是故男教不修,阳事不得,適见于天^①,日为之食;妇顺不修,阴事不得,适见于天,月为之食。是故日食则天子素服而修六官之职,荡天下之阳事^②;月食则后素服而修六宫之职,荡天下之阴事。故天子之与后,犹日之与月,阴之与阳,相须而后成者也^③。天子修男教,父道也;后修女顺,母道也。故曰:"天子之与后,犹父之与母也。"故为天王服斩衰,服父之义也;为后服资衰^④,服母之义也。

【注释】

①適(zhé):通"谪",责备。见(xiàn):同"现"。

②荡:荡涤,清除,指除去污秽。

③须:待也,引申有依靠的意思。

④资衰:即齐衰。"资"、"齐",古音相近,可以通假。

【译文】

所以,男子的教化如果不修治完善,阳刚之事就不能办好;上天所显现的谴责,就是日蚀;妇女的顺服之道如果不修治完善,阴柔之事就不能办好;上天所显现的谴责,就是月蚀。所以,如果发生日蚀,天子就穿上纯白的衣服,并检讨改进六官的职事,对天下阳事中的污秽加以清除;如果发生月蚀,王后就穿上纯白的衣服,并检讨改进六宫的职事,对天下阴事中的污秽加以清除。所以,天子与王后,就如同太阳与月亮,阴与阳,彼此互相依存辅佐才能成功。天子负责男子的教化,就像为父之道;王后负责教育妇女顺从,就像为母之道。所以说:"天子与王后,如同父亲与母亲。"所以,为天子服丧要服斩衰,就是为父亲服丧的意义;为王后服丧要服齐衰,就是为母亲服丧的意义。

孝经

开宗明义章第一

【题解】

开宗明义，即阐述本书宗旨，说明孝道的义理。

《孝经》本无章名，邢昺《正义》云，梁代皇侃给天子至庶人等五章"标其目而冠于章首"；后来唐玄宗为《孝经》作注时，才由儒官集议"题其章名"。《隋书·经籍志》说，《古文孝经》长孙氏"而有《闺门》一章"。按，这是用章首二字称呼该章，乃古书篇章命名惯例，不应与现有的章名混为一谈。

仲尼居①，曾子侍②。子曰："先王有至德要道③，以顺天下④，民用和睦⑤，上下无怨。汝知之乎？"曾子避席曰⑥："参不敏，何足以知之？"子曰："夫孝，德之本也，教之所由生也⑦。复坐，吾语汝。身体发肤，受之父母，不敢毁伤⑧，孝之始也。立身行道，扬名于后世，以显父母，孝之终也。夫孝，始于事亲⑨，中于事君⑩，终于立身⑪。《大雅》云⑫：'无念尔祖，聿修厥德⑬。'"

【注释】

①仲尼：孔子的字。我国传统以"伯、仲、叔、季"表示排行，"仲"是老二。尼，指尼丘山。孔子得名于故里的尼丘山，名丘，字尼。孔子，春秋时鲁国陬邑（今山东曲阜东南）人，生于鲁襄公二十二年（前551），卒于鲁哀公十六年（前479），是儒家学派的鼻祖，著名的思想家和教育家。居：闲待在家里。

②曾子：曾参，字子舆，鲁国南武城（今山东费县西南）人，孔子的学生。据说曾子能孝顺父母，孔子认为他可通孝道，因此向他传授关于孝的道理。侍：陪坐。

③先王：先代的圣贤帝王，旧注指尧、舜、禹、文王、武王等。至德：至善至美的品行和道德。要道：至关重要的道理。要，又有简要、要约的

意思。邢疏引殷仲文曰："以一管众为要。"

④以顺天下：使天下人心顺从。顺，顺从。

⑤用：因而。

⑥避席：古代的一种礼节。席，铺在地上的草席，这里指自己的座位。古人席地而坐，在对方（一般是师长或尊者）提问、施礼、祝酒等场合，要回答、回礼、准备饮酒时，坐在席上的人要起身离开自己的席位，表示对对方的礼貌和尊敬。

⑦教之所由生也：古有"五教"之说，即：教父以义，教母以慈，教兄以友，教弟以恭，教子以孝。儒家学者认为，孝是一切道德的根本，一切教育的出发点。

⑧不敢毁伤：毁伤，毁坏，残伤。《礼记·祭义》乐正子春云："吾闻诸曾子，曾子闻诸夫子曰：天之所生，地之所养，无人为大。父母全而生之，子全而归之，可谓孝矣。不亏其体，不辱其身，可谓全矣。"孔传："能身保全而无刑伤，则其所以为孝之始者也。"以为"毁伤"特指"刑伤"。日本太宰纯说："盖三代之刑，有劓（音 yì，割鼻）、刵（音 èr，割耳）及宫（割除或破坏生殖器官），非伤身乎；剕（音 fèi，断足），非伤体乎；髡（音 kūn，剃发），非伤发乎；墨（额上刺字，染以黑色），非伤肤乎。以此观之，孔传尤有所当也。"

⑨始于事亲：以侍奉双亲为孝行之始。一说指幼年时期以侍奉双亲为孝。郑注云："父母生之，是事亲为始。"孔传："自生至于三十，则以事父母，接兄弟，和亲戚，睦宗族，敬长老，信朋友为始也。"

⑩中于事君：以为君王效忠、服务为孝行的中级阶段。一说指中年时期以效忠君王为孝。郑注云："四十强而仕，是事君为中。"孔传："四十以往，所谓中也，仕服官政，行其典谊，奉法无贰，事君之道也。"

⑪终于立身：以建功扬名，光宗耀祖为孝行之终。一说指老年时期以扬名后世为孝。郑注云："七十致仕（离职退休），是立身为终也。"孔传："七十老致仕，悬其所仕之车，置诸庙，永使子孙鉴而则焉，立身之终。"

⑫《大雅》：《诗经》的一个组成部分，主要是西周官方的音乐诗歌作品。

⑬"无念"二句：语出《诗经·大雅·文王》。尔，你，你的。祖，祖先，诗中指文王。聿（yù），句首语气词。修厥德，指继承、发扬光大文王的美德。厥，其。

【译文】

　　孔子在家中闲坐,曾参在一旁陪坐。孔子说:"先代的圣帝贤王,有一种至为高尚的品行,至为重要的道德,用它可以使得天下人心归顺,百姓和睦融洽,上上下下没有怨恨和不满。你知道这是什么吗?"曾子连忙起身离开席位回答说:"我生性愚钝,哪里能知道那究竟是什么呢?"孔子说:"那就是孝! 孝是一切道德的根本,所有的品行的教化都是由孝行派生出来的。你还是回到原位去,我讲给你听。一个人的身体、四肢、毛发、皮肤,都是从父母那里得来的,所以要特别地加以爱护,不敢损坏伤残,这是孝的开始,是基本的孝行。一个人要建功立业,遵循天道,扬名于后世,使父母荣耀显赫,这是孝的终了,是完满的、理想的孝行。孝,开始时从侍奉父母做起,中间的阶段是效忠君王,最终则要建树功绩,成名立业,这才是孝的圆满的结果。《大雅》里说:'怎么能不想念你的先祖呢? 要努力去发扬光大你的先祖的美德啊!'"

天子章第二

【题解】

天子,统治天下的帝王。《礼记·曲礼下》:"君天下曰天子。"旧说帝王受命于天,天为其父,地为其母,故称"天子"。《白虎通》:"王者父母天地,为天之子也。"此处应指周王,是周王朝的最高统治者。《孝经》从这一章起,按尊卑次序分述自天子至庶人的五种孝行,照唐玄宗的说法,叫做"百行之源不殊","五孝之用则别"(《御注孝经·序》)。但此处所论"天子之孝",其实只是一种祈愿,并不是道德的规范。

子曰①:爱亲者,不敢恶于人②;敬亲者,不敢慢于人③。爱敬尽于事亲,而德教加于百姓④,刑于四海⑤。盖天子之孝也⑥。《甫刑》云⑦:"一人有庆,兆民赖之⑧"。

【注释】

①子曰:今文本,自《天子章》至《庶人章》,只在最前面用了一个"子曰",而古文本则每章都以一"子曰"起头。这可能是整理或传抄过程中造成的差异。

②爱亲者,不敢恶(wù)于人:全句是说天子将对自己父母的亲爱之心(孝心)扩大到天下所有的人的父母。爱亲,亲爱自己的父母。恶,憎恶,厌恶。

③慢:傲慢,不敬。

④德教:道德修养的教育,即孝道的教育。加:施加。

⑤刑:通"型",典范,榜样。四海:指全天下,旧说以为我国被四海包围,因此用"四海"代指全国。唐玄宗注以"四夷"释"四海"。"四夷"即东夷、西戎、南蛮、北狄,泛指四方少数民族。意思是天子的孝行与德教,也是四方异族的榜样。

⑥盖:句首语气词。

⑦《甫刑》:《尚书·吕刑》篇的别名。吕,指"吕侯"。周穆王任命吕侯为周司寇(职掌刑狱的最高长官),吕侯依据夏代赎刑的法律,以周王的名义颁布了新的规定,即《吕刑》。《尚书·吕刑》孔安国传曰:吕侯"后为甫侯,故或称《甫刑》"。这是说吕侯的子孙后来改封为甫侯,因此《吕刑》也称为《甫刑》。

⑧一人有庆,兆民赖之:人,指天子。商、周时,商王、周王都自称"余一人"。庆,善。兆民,极言民人数目之多。古代计数,下数以十亿为"兆",中数以万亿为兆,上数以亿亿为兆;而现代以一百万为一兆。赖,仰仗,依靠。《吕刑》原文下面还有一句"其宁惟永"。意思是:天子有善行,就能够以善事教化天下,天下的人民都可以信赖他,依靠他,因此便能够长治久安。

【译文】

孔子说:天子能够亲爱自己的父母,也就不会厌恶别人的父母;能够尊敬自己的父母,也就不会怠慢别人的父母。天子能以爱敬之心尽力侍奉父母,就会以至高无上的道德教化人民,成为天下人效法的典范。这就是天子的孝道啊!《甫刑》里说:"天子有善行,天下万民全都信赖他,国家便能长治久安。"

诸侯章第三

【题解】

诸侯,天子所分封的各国的国君。西周开国时,周天子曾依亲疏与功勋分封诸侯,有公、侯、伯、子、男五等爵位,可以世袭。《礼记·王制》孔颖达疏:"此公、侯、伯、子、男,独以侯为名而称诸侯者,举中而言。"一说称"诸侯"而不称"诸公",是为了避免与辅佐天子的"三公"(太师、太傅、太保)相混淆。此处对诸侯劝孝,要求诸侯"在上不骄","制节谨度","长守富","长守贵","保社稷",作为诸侯尽"孝"的职责。

168

在上不骄,高而不危;制节谨度①,满而不溢②。高而不危,所以长守贵也。满而不溢,所以长守富也。富贵不离其身,然后能保其社稷③,而和其民人。盖诸侯之孝也。《诗》云④:"战战兢兢,如临深渊,如履薄冰⑤。"

【注释】

①制节:指费用开支节约俭省。谨度:指行为举止谨慎而合乎法度。

②满:指财富充足。溢:指超越标准的奢侈、浪费。邢昺疏引皇侃说:不溢,"谓宫室车旗之类,皆不奢僭也"。僭越礼制,追求超过合乎身份、地位的享受,在古代是严重的犯罪行为。

③社稷:社,土地神。古人有"五土"之说,认为土地有山林、川泽、丘陵、原隰(低洼湿地)、坟衍(水滨平地)五类,社是"五土"的总神,后以五色土为象征:东方青土、南方赤土、西方白土、北方黑土、中央黄土。相传共工氏之子勾龙,为管理田土之官,即"后土",后来被当作土地神,祭"社"时立有勾龙神主(牌位)。稷,谷神。"五谷"有黍、稷、菽、麦、麻,这里举"稷"为代表。上古有烈山氏之子柱,被尊为五谷之神。周人的先祖弃,传说生而有神,擅农艺稼穑,率人民播殖百谷,自商汤以来被祀为稷神。土地与谷物是国家的根本,古代立国

必先祭社稷之神，因而，"社稷"便成为国家的代称。

④《诗》：即《诗经》。汉代以前《诗经》只称为《诗》，汉武帝尊崇儒术，重视儒家著作，才加上"经"字，称为《诗经》。

⑤"战战兢兢"三句：语出《诗经·小雅·小旻》。战战，恐惧貌。兢兢，谨慎貌。如临深渊，是说唯恐失足坠入深渊。如履薄冰，是说唯恐不慎陷入冰水中。孔传："夫能自危者，则能安其位者也；忧其亡者，则能保其存者也；惧其乱者，则能有其治者也。故君子安而不忘危，存而不忘亡，治而不忘乱。"

【译文】

　　身居高位而不骄傲，那么尽管高高在上也不会有倾覆的危险；俭省节约，慎守法度，那么尽管财富充裕也不会僭礼奢侈。高高在上而没有倾覆的危险，这样就能长久地保守尊贵的地位。资财充裕而不僭礼奢侈，这样就能长久地保守财富。能够紧紧地把握住富与贵，然后才能保住自己的国家，使自己的人民和睦相处。这就是诸侯的孝道啊！《诗经》里说："战战兢兢，谨慎小心；就像身临深渊唯恐坠陨；就像脚踏薄冰唯恐沉沦。"

卿、大夫章第四

【题解】

卿、大夫,指辅佐天子处理国家事务的高级官员,地位次于诸侯。卿,又称"上大夫",地位比大夫略高。周代各诸侯国中也有"卿、大夫",地位比周天子朝中的"卿、大夫"低一等。清雍正皇帝《御纂孝经集注》认为,此"卿、大夫"兼包王国及侯国,"章中乃统论其当行之孝,不必泥引《诗》'以事一人'之词,而谓专示王国之卿、大夫也"。此处论卿大夫之孝是一切遵循先王的礼法,"保其禄位","守其宗庙",更多的是在讲忠君。

非先王之法服不敢服①,非先王之法言不敢道②,非先王之德行不敢行③。是故非法不言④,非道不行⑤;口无择言,身无择行⑥。言满天下无口过⑦,行满天下无怨恶。三者备矣⑧,然后能守其宗庙⑨。盖卿、大夫之孝也。《诗》云:"夙夜匪懈,以事一人⑩。"

【注释】

①法服:按照礼法制定的服装。古代服装式样、颜色、花纹(图案)、质料等,不同的等级,不同的身份,有不同的规定。卑者穿着尊者的服装,叫"僭上";尊者穿着卑者的服装,叫"偪(逼)下"。旧注云,天子衣裳图案有日、月、星辰、山、龙、华虫、藻、火、粉、米、黼、黻十二种纹样;诸侯有龙以下八种;卿、大夫有藻、火、粉、米四种;士有藻、火两种,服饰必须合乎礼度。

②法言:合乎礼法的言论。

③德行:合乎道德规范的行为。一说指"六德",即仁、义、礼、智、忠、信。敦煌遗书伯3378《孝经注》云:"好生恶死曰仁;临财不欲,有难相济曰义;尊卑慎序曰礼;智深识远曰智;平直不移曰忠;信义可复曰信。"

④非法不言：不符合礼法的话不说，言必守法。孔传："必合典法，然后乃言。"

⑤非道不行：不符合道德的事不做，行必遵道。孔传："必合道谊，然后乃行。"

⑥"口无"二句：张口说话无须斟酌措词，行动举止无须考虑应当怎样去做。这是说，因为言行都自然而然地能遵循礼法道德，所以无须反复考虑，细细斟酌。

⑦言满天下无口过：全句是说，虽然言谈传遍天下，但是天下之人都不觉得有什么过错。满，充满，遍布。口过，言语的过失。

⑧三者备矣：三者，指服、言、行，即法服、法言、德行。孔传："服应法，言有则，行合道也，立身之本，在此三者。"备，完备，齐备。

⑨宗庙：祭祀祖宗的屋舍。《释名·释宫室》："庙，貌也，先祖形貌所在也。"古人认为，亲人亡殁后，设宗庙加以祭祀，侍奉死者如同生人，若见鬼神之容貌。

⑩"夙夜"二句：语出《诗经·大雅·烝民》。夙，早。匪，通"非"。懈，怠惰。一人，指周天子。原诗赞美周宣王的卿大夫仲山甫，从早到晚，毫无懈怠，尽心竭力地奉事宣王一人。

【译文】

　　不合乎先代圣王礼法所规定的服装不敢穿，不合乎先代圣王礼法的言语不敢说，不合乎先代圣王规定的道德的行为不敢做。因此，不合礼法的话不说，不合道德的事不做。由于言行都能自然而然地遵守礼法道德，开口说话无须斟字酌句，选择言辞，行为举止无须考虑应该做什么、不该做什么。虽然言谈遍于天下，但从无什么过失；虽然做事遍于天下，但从不会招致怨恨。完全地做到了这三点，服饰、言语、行为都符合礼法道德，然后才能长久地保住自己的宗庙，奉祀祖先。这就是卿、大夫的孝道啊！《诗经》里说："即使是在早晨和夜晚，也不能有任何的懈怠，要尽心竭力地去奉事天子！"

士章第五

【题解】

士章,敦煌遗书伯 3378 作"士仁章",伯 3428 作"士人章"。士,指国家的低级官员,地位在大夫之下,庶人之上。此处论士人之孝,归结到"夙兴夜寐",强调事君尽忠的责任。

资于事父以事母①,而爱同;资于事父以事君,而敬同。故母取其爱,而君取其敬,兼之者父也②。故以孝事君则忠,以敬事长则顺③。忠顺不失④,以事其上,然后能保其禄位,而守其祭祀⑤。盖士之孝也。《诗》云:"夙兴夜寐,无忝尔所生⑥。"

【注释】

①资:取。

②兼之者父也:指侍奉父亲,则兼有爱心和敬心。兼,同时具备。

③长:上级,长官。唐玄宗注:"移事兄敬以事于长,则为顺矣。"

④忠顺不失:指在忠诚与顺从两个方面都做到没有缺点、过失。

⑤而守其祭祀:刘炫认为:"上云宗庙,此云祭祀者,以大夫尊,详其所祭之处;士卑,指其荐献而说,因等差而详略之耳。"(《复原》)

⑥"夙兴"二句:语出《诗经·小雅·小宛》。兴,起,起来。寐,睡。忝,辱。尔所生,生你的人,指父母。

【译文】

取侍奉父亲的态度去侍奉母亲,那爱心是相同的;取侍奉父亲的态度去侍奉国君,那敬心是相同的。侍奉母亲取亲爱之心,侍奉国君取崇敬之心,只有侍奉父亲是兼有爱心与敬心。所以,有孝行的人为国君服务必能忠诚,能敬重兄长的人对上级必能顺从,忠诚与顺从,都做到没有什么缺憾和过失,用这样的态度去侍奉国君和上级，就能保住自己的俸禄和职位，维持对祖先的祭祀。这就是士人的孝道啊！《诗经》里说："要早起晚睡，努力工作，不要玷辱了生育你的父母！"

庶人章第六

【题解】

　　庶人，平民，在上古一般指具有自由身份的农业劳动者。《孝经》为不同等级的人规定不同内容的"孝"。《礼记·祭统》《正义》引《孝经援神契》概括"五孝"说："天子之孝曰就，诸侯曰度，大夫曰誉，士曰究，庶人曰养。"又说："五孝不同，庶人但取畜养而已。"对庶人之孝表现出鄙薄和轻蔑。

　　用天之道①，分地之利②，谨身节用，以养父母。此庶人之孝也。故自天子至于庶人，孝无终始③，而患不及者，未之有也④。

【注释】

①天之道：指春温、夏热、秋凉、冬寒季节变化等自然规律。用天道，按时令变化安排农事，则春生、夏长、秋收、冬藏。

②分地之利：唐玄宗注："分别五土，视其高下，各尽所宜，此分地利也。"五土，见《诸侯章》"社稷"注。这是说，应当分别情况，因地制宜，种植适宜当地生长的农作物，以获取地利。

③孝无终始：指孝道的义理非常广大。从天子到庶人，不分尊卑，超乎时空，无终无始，永恒存在。不管什么人，在"行孝"这一点上都是一致的。

④未之有也：没有这样的事情。意思是孝行是人人都能做得到的，不会做不到。

【译文】

　　利用春、夏、秋、冬节气变化的自然规律，分别土地的不同特点，使之各尽所宜；行为举止，小心谨慎；用度花费，节约俭省；以此来供养父母。这就是庶民大众的孝道啊！所以，上自天子，下至庶民，孝道是不分尊卑，超越时空，永恒存在，无终无始的。孝道又是人人都能做得到的。如果有人担心自己做不来，做不到，那是根本不会有的事。

三才章第七

【题解】

三才,天、地、人,合称"三才"。《易·说卦》:"立天之道,曰阴与阳;立地之道,曰柔与刚;立人之道,曰仁与义。兼三才而两之,故《易》六画而成卦。"又,《易·系辞》:"《易》之为书也,广大悉备,有天道焉,有人道焉,有地道焉,兼三材(才)而两之。"本章说孝道是"天之经,地之义,民之行",圣王能遵天地之道,顺人性人情,因此篇题拟为《三才章》。

曾子曰:"甚哉,孝之大也!"子曰:"夫孝,天之经也①,地之义也②,民之行也③。天地之经,而民是则之④。则天之明⑤,因地之利⑥,以顺天下⑦。是以其教不肃而成⑧,其政不严而治。先王见教之可以化民也⑨,是故先之以博爱,而民莫遗其亲;陈之以德义,而民兴行。先之以敬让,而民不争⑩;导之以礼乐⑪,而民和睦;示之以好恶⑫,而民知禁。《诗》云:'赫赫师尹,民具尔瞻⑬。'"

【注释】

①天之经:是说孝道是天之道。天空中日月、星辰,永远有规律地照临人世。孝道也是如此,乃是永恒的道理,不可变易的规律。经,常,指永恒不变的道理和规律。

②地之义:是说孝道又如地之道。大地化育万物,生生繁衍,山川原隰为人类提供丰饶的物产,皆有合乎道理的法则。孝道也是如此,乃是必须严格遵从的义务,是有利、有益的准则。义,利物为义。古文本"义"作"谊"。孔传:"谊,宜也。"指应当遵循的道理和原则。董仲舒《春秋繁露·五行对》:河间献王问温城董君曰:"《孝经》曰:'夫孝,天之经,地之义',何谓也?"对曰:"天有五行,木火土金水是也。木生火,火生土,土生金,金生水;水为冬,金为秋,土为季夏,火为

夏,木为春。春主生,夏主养,秋主收,冬主藏。藏,冬之所成也。是故父之所长,其子养之;父之所养,其子成之。诸父所为,其子皆奉承而绪行之,不敢不致,如父之意,尽为人之道也。故五行者,五行也。由此观之,父授之,子受之,乃天之道也。故曰:'夫孝者,天之经也',此之谓也。"王曰:"善哉! 天经既得闻之矣,愿闻地之义。"对曰:"地出云为雨,起气为风。风雨者,地之所为,地不敢有其功名,必上之于天,命若从天气者。故曰'天风天雨'也,莫曰'地风地雨'也。勤劳在地,名一归于天,非至有义,其孰能行此? 故下事上,如地事天也。可谓大忠矣。……此谓孝者'地之义'也。"这是董仲舒对"天之经,地之义"的理解。

③民之行:是说孝道是人之百行中最根本、最重要的品行。董鼎《孝经大义》云:"人生天地之间,禀天地之性,如子之肖像父母也,得天之性而为慈爱,得地之性而为恭顺,慈爱恭顺,即所以为孝。"行,品行,行为。

④则:效法,作为准则。

⑤天之明:指天空中的日月、星辰。日月、星辰的运行更迭是有规律的,永恒的,这可以成为人民效法的典范。

⑥地之利:指大地孳生万物,供给丰饶的物产。

⑦以顺天下:这里是说圣王把天道、地道、人道"三才"融会贯通,用以治理天下,天下自然人心顺从。顺,理顺,治理好。

⑧肃:指严厉的统治手段。

⑨教:这里指合乎天地之道,合乎人性人情的教育。化民:指用教育的办法感化人民,使人民服从领导。

⑩不争:指不为获得利益、好处而争斗、争抢。孔传:"上为敬则下不慢,上好让则下不争,上之化下,犹风之靡草,故每辄以己率先之也。"

⑪礼:礼仪,指处理人际关系的准则及对社会行为的各种规范。乐:音乐。儒家认为,"乐者,天地之和也;礼者,天地之序也。和,故百物皆化;序,故群物皆别。"(《史记·乐书》)也就是说,"乐"使天地之间万物和谐,"礼"使天地之间万物尊卑高下皆有秩序;和谐使万物融洽共处,有秩序使万物各得其所,有所区别。儒家学者把"礼乐"作为治理天下,教化人民的重要工具。

⑫好(hǎo):善。恶(è):不良行为,罪恶。邢昺疏云:"故示有好必赏之

令,以引喻之,使其慕而归善也;示有恶必罚之禁,以惩止之,使其惧而不为也。"好恶,或读为 hàowù,亦可通。

⑬"赫赫"二句:语出《诗经·小雅·节南山》。赫赫,声威显扬、气派宏大的样子。师,指太师。太师、太傅、太保为周的三公,是周王朝的最高行政长官。尹,尹氏。尹,本是官职名,古人常常以官职名作为氏名,故称"尹氏"。尔,你。瞻,仰望。此处引用诗句,着重是用"民具尔瞻"的意思,古人引书经常有断章取义的情形。

【译文】

曾子说:"多么博大精深啊,孝道太伟大了!"孔子说:"孝道,犹如天有它的规律一样,日月星辰的更迭运行有着永恒不变的法则;犹如地有它的规律一样,山川湖泽提供物产之利有着合乎道理的法则;孝道是人的一切品行中最根本的品行,是人民必须遵循的道德,人间永恒不变的法则。天地严格地按照它的规律运动,人民以它们为典范实行孝道。效法天上的日月星辰,遵循那不可变易的规律;凭借地上的山川湖泽,获取赖以生存的便利,因势利导地治理天下。因此,对人民的教化,不需要采用严肃的手段就能获得成功;对人民的管理,不需要采用严厉的办法就能治理得好。先代的圣王看到通过教育可以感化人民,所以亲自带头,实行博爱,于是,就没有人会遗弃自己的双亲;向人民讲述德义,于是,人民觉悟了,就会主动地起来实行德义。先代的圣王亲自带头,尊敬别人,谦恭让人,于是,人民就不会互相争斗抢夺;制定了礼仪和音乐,引导和教育人民,于是,人民就能和睦相处;向人民宣传什么是好的,什么是坏的,人民能够辨别好坏,就不会违犯禁令。《诗经》里说:'威严显赫的太师尹氏啊,人民都在仰望着你啊!'"

孝治章第八

【题解】

孝治，论明王以孝道治理天下，就能使"天下和平，灾害不生，祸乱不作"。后代夸大"孝治"功能，说"天子孝，天龙负图，地龟出书，妖孽消灭，景云出游"（《太平御览》卷四——引《孝经左契》），已是谶纬家的荒诞之言了。

子曰："昔者明王之以孝治天下也，不敢遗小国之臣①，而况于公、侯、伯、子、男乎②？故得万国之欢心③，以事其先王④。治国者⑤，不敢侮于鳏寡⑥，而况于士民乎？故得百姓之欢心，以事其先君⑦。治家者⑧，不敢失于臣妾⑨，而况于妻子乎？故得人之欢心，以事其亲⑩。夫然，故生则亲安之⑪，祭则鬼享之⑫，是以天下和平，灾害不生，祸乱不作。故明王之以孝治天下也如此⑬。《诗》云：'有觉德行，四国顺之⑭。'"

【注释】

①小国之臣：指小国派来的使臣。小国之臣容易被疏忽怠慢，明王对他们都礼遇和关注，各国诸侯来朝见天子受到款待就无庸赘言了。

②公、侯、伯、子、男：周朝分封诸侯的五等爵位。《礼记·王制》："公、侯田方百里，伯七十里，子、男五十里。"相传周公摄政，为诸侯扩大封地，公方五百里，侯四百里，伯三百里，子二百里，男百里。除封邑有广狭之别外，诸侯的其他各种待遇，也依爵位高低有所不同。

③万国：指天下所有的诸侯国。万，是极言其多，并非实数。

④先王：指"明王"，已去世的父祖。这是说各国诸侯都来参加祭祀先王的典礼，贡献祭品。按照周代的宗法制度，由嫡长子继承王位，只有他才能主持对先王的祭祀。他的其他弟兄分别封予各等爵位，成为诸侯。参加祭祀时，他们按关系亲疏及爵位高低来"助祭"。

⑤治国者：治理国家的君王，即诸侯。国，指诸侯的封地。

⑥鳏(guān)寡:《孟子·梁惠王下》:"老而无妻曰鳏,老而无夫曰寡。"后代通常称丧妻者为鳏夫,丧夫者为寡妇。

⑦先君:指诸侯已故的父祖。这是说百姓们都来参加对先君的祭奠典礼。

⑧治家者:指卿、大夫。家,指卿、大夫受封的采邑。

⑨臣妾:指家内的奴隶,男性奴隶曰"臣",女性奴隶曰"妾"。也泛指卑贱者。

⑩以事其亲:这是说卿、大夫因为能得到妻子、儿女,乃至奴仆、妾婢的欢心,所以全家上下都协助他奉养双亲。天子与诸侯之位,都是父死子袭,因此,他们只能事"先王"、"先君";而卿、大夫的职位不必父死子袭,因此,他们得以在双亲健在时侍奉双亲。亲,父母双亲。

⑪生则亲安之:生,活着的时候。安,安乐,安宁,安心。之,指双亲。《大戴礼记·曾子大孝》:"养可能也,敬为难;敬可能也,安为难;安可能也,久为难;久可能也,卒为难。"可见曾子认为,实行孝道其中以使父母长久地安乐及有一个完满的终结为最困难。

⑫鬼:指去世的父母的灵魂。《论衡·讥日》:"鬼者死人之精也。"《礼记·礼运》郑玄注:"鬼者精魂所归。"古人认为,人死后灵魂脱离躯体而存在,成为"鬼"。享:祭祀时要给死者供献酒食,让亡灵享用。

⑬如此:指"天下和平"等福应。孔传:"行善则休征(吉祥的征兆)报之,行恶则咎征随之,皆行之致也。"这是说由于明王用孝道治理天下,有美德善行,因此才有这种种福应。

⑭"有觉"二句:语出《诗经·大雅·抑》。意思是,天子有伟大的德行,四方各国都顺从他的教化,服从他的统治。觉,大。四国,四方之国。

【译文】

孔子说:"从前,圣明的帝王以孝道治理天下,就连小国的使臣都待之以礼,不敢遗忘与疏忽,何况对公、侯、伯、子、男这样一些诸侯呢!所以,就得到了各国诸侯的爱戴和拥护,他们都帮助天子筹备祭典,参加祭祀先王的典礼。治理封国的诸侯,就连鳏夫和寡妇都待之以礼,不敢轻慢和欺侮,何况对士人和平民呢!所以,就得到了百姓们的爱戴和拥护,他们都帮助诸侯筹备祭典,参加祭祀先君的典礼。治理采邑的卿、大夫,就连奴婢僮仆都待之以礼,不敢使他们失望,何况对妻子、儿女呢!所以,就得到大家的爱戴和拥护,大家都齐心协力地帮助主人,奉养他们的双亲。正因为这样,所以父母在世的时候,能够过着安乐宁静的生活;父母去世以后,灵魂能够安享祭奠。正因为如此,所以天下和和平平,没有风雨、水旱之类的天灾,也没有反叛、暴乱之类的人祸。圣明的帝王以孝道治理天下,就会出现这样的太平盛世。《诗经》里说:'天子有伟大的道德和品行,四方之国无不仰慕归顺。'"

圣治章第九

【题解】

圣治,圣人之治,即圣人对天下的治理。此处所说明堂祭祀制度,与其他儒家经典不全相合,在各朝制定礼仪制度时或依据《孝经》之说,如晋武帝太康十年(289)就颁诏按《孝经》制定祭祀天地及配祀制度(《宋书·礼志》三)。《孝经》影响由此可见一斑。

曾子曰:"敢问圣人之德①,无以加于孝乎?"子曰:"天地之性②,人为贵。人之行,莫大于孝。孝莫大于严父,严父莫大于配天③,则周公其人也④。昔者,周公郊祀后稷以配天⑤,宗祀文王于明堂⑥,以配上帝。是以四海之内,各以其职来祭⑦。夫圣人之德,又何以加于孝乎?故亲生之膝下⑧,以养父母日严⑨。圣人因严以教敬⑩,因亲以教爱。圣人之教,不肃而成,其政不严而治,其所因者本也。父子之道,天性也,君臣之义也。父母生之,续莫大焉⑪。君亲临之,厚莫重焉⑫。故不爱其亲而爱他人者,谓之悖德⑬;不敬其亲而敬他人者,谓之悖礼。以顺则逆⑭,民无则焉⑮。不在于善,而皆在于凶德,虽得之,君子不贵也⑯。君子则不然,言思可道,行思可乐,德义可尊,作事可法,容止可观,进退可度,以临其民。是以其民畏而爱之,则而象之⑰。故能成其德教,而行其政令。《诗》云:'淑人君子,其仪不忒⑱。'"

【注释】

①敢:谦词,有冒昧的意思。

②性:指性命,生灵,生物。敦煌遗书伯3382此句作"天地之性,人最为贵"。孔传:"言天地之间,含气之类,人最其贵者也。"

③配天：根据周代礼制，每年冬至要在国都郊外祭天，并附带祭祀父祖先辈，这就叫做以父配天之礼。配，祭祀时在主要祭祀对象之外，附带祭祀其他对象，称为"配祀"或"配享"。

④则周公其人也：以父配天之礼，由周公始定。周公，姓姬，名旦，文王之子，武王之弟，成王之叔。他协助武王灭商，武王死，成王年幼，他摄行王政，平定了管叔、蔡叔和商王之后武庚的叛乱，营建成周雒邑城池，制定礼乐典章制度。在成王长大后，他便归政于成王。后来周公被儒家学者尊为圣人。

⑤郊祀：古代帝王每年冬至时在国都郊外建圜丘作为祭坛，祭祀天帝。后稷：名弃，为周人始祖。相传其母姜嫄行于郊野，脚踩巨人足迹，孕而生子，生后被弃于小巷、山林与冰上，皆得不死，遂收留养大。生性好农耕稼穑，帝尧命为农师，封于邰（今陕西武功境内），号后稷。这里是说周公在制定郊祀礼仪时，规定了以始祖后稷配祀天帝。

⑥宗祀：即聚宗族而祭。宗，宗族。文王：姓姬名昌，商时为西伯，据说能行仁义，礼贤者，敬老慈少，从而使国家逐渐强大，为日后武王灭商奠定了基础。明堂：古代帝王布政及举行祭祀、朝会、庆赏、选士等典礼的地方。《大戴礼记·明堂》说，它是一座上圆下方的建筑，共九室，一室有四户（门）八牖（窗），共三十六户，七十二牖，有天圆地方等许多象征的意义。上帝，旧说在明堂中祭天，要按季节祭祀五方上帝，即东方青帝灵威仰，南方赤帝赤熛怒，西方白帝白招拒，北方黑帝汁光纪，中央黄帝含枢纽。这里是说周公制礼，规定了在明堂聚宗族祭祀上帝，以亡父文王配祀。

⑦职：职位。这是说海内诸侯，各按职位，进贡财物特产，趋走服务，帮助完成祭祀典礼。

⑧故亲生之膝下：这是说子女对父母的亲爱之心在幼年时期即自然天成。明人项霦《孝经述注》云："孩提之童，无不知爱其亲，自生育膝下，侍奉父母，渐长则严敬之心日加。"亲，亲爱父母之心。膝下，膝盖之下，喻年幼之时。

⑨日严：日益尊敬。

⑩因严以教敬：孔传："言其不失于人情也。其因有尊严父母之心，而教以爱敬；所以爱敬之道成，因本有自然之心也。"这是说圣人以人的自然天性中的尊父之心为凭依，加以教育培养，使之升华为理性

的"敬"。

⑪续：指继先传后。这是说父母生下儿子了，使儿子得以继承父母，如此连续不绝，这是人伦关系中，最为重要的。

⑫君亲临之，厚莫重焉：是说父亲对儿子，具有国君与父亲的双重意义的身份，既有君王的尊严，又有为父的亲情，既有君臣之义，又有天性之恩，在人伦关系中，厚重莫过于此。

⑬悖(bèi)德：违背常识的道理、道德。悖，违背，违反。刘炫《孝经述议》残卷："世人之道，必先亲后疏，重近轻远，不能爱敬其亲而能爱敬他人，自古以来恐无此。"

⑭以顺则逆：是"以之顺天下则逆"的省略，是说，如果用"悖德"和"悖礼"来教化人民，治理人民，就会把一切都弄颠倒。

⑮民无则焉：人民无所适从，没有可以效法的。

⑯不贵：即鄙视，厌恶。贵，重视，赞赏。

⑰"是以"二句：敬畏君王的威严，爱戴君王的美德，以君王为楷模，仿效他。

⑱"淑人"二句：语出《诗经·曹风·鸤鸠》。淑，美好，善良。仪，仪表，仪容。忒，差错。

【译文】

曾子说："请允许我冒昧地提个问题，圣人的德行中，难道就没有比孝行更为重要的吗？"孔子说："天地之间的万物生灵，只有人最为尊贵。人的各种品行中，没有比孝行更加伟大的了。孝行之中，没有比尊敬父亲更加重要的了。对父亲的尊敬，没有比在祭天时以父祖先辈配祀更加重要的了。祭天时以父祖先辈配祀，始于周公。从前，成王年幼，周公摄政，周公在国都郊外圜丘上祭天时，以周族的始祖后稷配祀天帝；在聚族进行明堂祭祀时，以父亲文王配祀上帝。所以，四海之内各地的诸侯都恪尽职守，贡纳各地的特产，协助天子祭祀先王。圣人的德行，又还有哪一种能比孝行更为重要的呢！子女对父母的亲爱之心，产生于幼年时期；待到长大成人，奉养父母，便日益懂得了对父母的尊敬。圣人根据子女对父母的尊崇的天性，引导他们敬父母；根据子女对父母的亲近的天性，教导他们爱父母。圣人教化人民，不需要采取严厉的手段就能获得成功；他对人民的统治，不需要采用严厉的办法就能管理得很好。这正是由于他能根据人的本性，以孝道去引导人民。父子之间的关系，体现了人类天生的本性，同时也体现了君臣关系的义理。父母生下儿子，使儿子得以上继祖宗，下续子孙，这就是父母对子女的最大恩情。父亲对于儿子，兼具君王和父亲的双重身份，既有为父的亲情，又有为君的尊严，父子关系的厚重，没有任何关系能够超过。如果做儿子的不爱自己的双亲而去爱其他什么别的人，这就叫做违背道德；如果做儿子的不尊敬自己的双亲而去尊敬其他什么别的人，这就叫做违背礼法。如果有人用违背道德和违背礼法去教化人民，让人民顺从，那就会是非颠倒；人民将无所适从，不知道该效法什么。如果不能用善行，带头行孝，教化天下，而用违背道德的手段统治天下，虽然也有可能一时得志，君子也鄙夷不屑，不会赞赏。君子就不是那样的，他们说话，要考虑说的话能得到人民的支持，被人民称道；他们做事，要考虑行为举动能使人民高兴；他们的道德和品行，要考虑能受到人民的尊敬；他们从事制作或建造，要考虑能成为人民的典范；他们的仪态容貌，要考虑得到人民的称赞；他们的动静进退，要考虑合乎规矩法度。如果君王能够像这样来统领人民，管理人民，那么人民就会敬畏他，爱戴他；就会以他为榜样，仿效他，学习他。因此，就能够顺利地推行道德教育，使政令顺畅地得到贯彻执行。《诗经》里说：'善人君子，最讲礼仪；容貌举止，毫无差池。'"

纪孝行章第十

【题解】

纪孝行，纪录孝行的内容，即孝子在侍奉双亲时应当做到的具体事项，此处强调孝子的道德与品行方面的表现，比吃饱吃好的"三牲之养"更为重要，反映了儒家对思想精神的重视。

子曰："孝子之事亲也，居则致其敬①，养则致其乐②，病则致其忧③，丧则致其哀④，祭则致其严⑤，五者备矣，然后能事亲。事亲者，居上不骄，为下不乱，在丑不争⑥。居上而骄则亡，为下而乱则刑，在丑而争则兵。三者不除，虽日用三牲之养⑦，犹为不孝也⑧。"

【注释】

①居：平日家居。致：尽。孔传："谓虔恭朝夕，尽其欢爱。"

②养：奉养，赡养。乐：欢乐。孔传："和颜说（悦）色，致养父母。"郑注："若进饮食之时，怡颜悦色。"

③致其忧：充分地表现出忧伤焦虑的心情。孔传："父母有疾，忧心惨悴，卜祷尝药，食从病者，衣冠不解，行不正履，所谓致其忧也。"郑注："若亲之有疾，则冠者不栉，怒不至詈，尽其忧谨之心。"明黄道周《孝经集传》："父母有疾，冠者不栉，行不翔，言不惰，琴瑟不御，食肉不至变味，饮酒不至变貌，笑不至矧，怒不至詈，疾止复故。"诸家注所举皆"致其忧"的表现，主要是子女不能有愤怒高兴的神态，不能讲究服饰打扮，不能参加娱乐活动，不注重生活享受。

④丧：指父母去世，办理丧事的时候。孔传："亲既终没，思慕号咷，斩衰（穿着丧服）歠粥，卜兆祖葬，所谓致其哀也。"郑注："若亲丧亡，则攀号毁瘠（因悲哀而消瘦），终其哀情也。"

⑤祭则致其严：《礼记·祭义》说，祭祀时事死如生，"入室，僾然（微微

必有见乎其位；周还出户，肃然必有闻乎其容声；出户而听，忾然必有闻乎其叹息之声"。《玉藻》说："丧容累累（疲倦貌），色容颠颠（忧思貌），视容瞿瞿梅梅（恍惚不清貌），言容茧茧（声细气微貌）。"这些都是"致其严"的表现。

⑥在丑：指处于低贱地位的人。丑，众，卑贱之人。

⑦三牲：牛、羊、豕。旧俗一牛、一羊、一豕称为"太牢"，是最高等级的宴会或祭祀的标准。说每天杀牛、羊、豕三牲来奉养父母，这是极而言之的说法。

⑧犹为不孝也：如果不能去除前面所说的三种行为："居上而骄"、"为下而乱"、"在丑而争"，那么都将造成生命危险，使父母忧虑担心，因此，这样的人就不能算作孝子。

【译文】

孔子说："孝子奉事双亲，日常家居，要充分地表达出对父母的恭敬；供奉饮食，要充分地表达出照顾父母的快乐；父母生病时，要充分地表达出对父母健康的忧虑关切；父母去世时，要充分地表达出悲伤哀痛；祭祀的时候，要充分地表达出敬仰肃穆，这五个方面都能做齐全了，才算是能奉事双亲尽孝道。奉事双亲，身居高位，不骄傲恣肆；为人臣下，不犯上作乱；地位卑贱，不相互争斗。身居高位而骄傲恣肆，就会灭亡；为人臣下而犯上作乱，就会受到刑戮；地位卑贱而争斗不休，就会动用兵器，相互残杀。如果这三种行为不能去除，虽然天天用备有牛、羊、猪三牲的美味佳肴奉养双亲，那也不能算是行孝啊！"

五刑章第十一

【题解】

五刑,指墨、劓、刖、宫、大辟五种刑法,见《尚书·吕刑》。墨,在额上刺字后,涂上墨色的刑法;劓(音 yì),割掉鼻子的刑法;刖(音 fèi),砍断脚的刑法,也称为"刖"(音 yuè);宫,男子割掉睾丸,女子破坏生殖器官的刑法一说女子幽闭,囚于宫室;大辟,死刑。

子曰:"五刑之属三千①,而罪莫大于不孝②。要君者无上③,非圣者无法④,非孝者无亲⑤。此大乱之道也⑥。"

【注释】

①五刑之属三千:指应当处以五种刑法的罪有三千条。《尚书·吕刑》说:"墨罚之属千,劓罚之属千,刖罚之属五百,宫罚之属三百,大辟之属二百,五刑之属三千。"

②罪莫大于不孝:在应当处以五种刑法的三千条罪行中,最严重的罪行是不孝。刘炫《孝经述议》残卷说:"江左名臣袁宏、谢安、王献之、殷仲文之徒皆云:五刑之罪,可得而名,不孝之罪,不可得名,故在三千之外。"(参见邢疏)认为不孝之罪,罪大恶极,无法确定罪名,因而不包括在"三千"条罪行中。后人多不采纳此说。

③要(yāo):以暴力要挟、威胁。无上:藐视君长,目无君长,即反对或侵凌君长。

④非:责难反对,不以为然。无法:藐视法纪,目无法纪,即反对或破坏法纪。

⑤无亲:藐视父母,目无父母,即对父母没有亲爱之心而为非作歹。

⑥此大乱之道也:孔传:"此,'无上'、'无法'、'无亲'也,言其不耻、不仁、不畏、不谊(义),为大乱之本,不可不绝也。"

【译文】

孔子说:"应当处以墨、劓、刖、宫、大辟五种刑法的罪有三千种,最严重的罪是不孝。以暴力威胁君王的人,叫做目无君王;非难、反对圣人的人,叫做目无法纪;非难、反对孝行的人,叫做目无父母。这三种人,是造成天下大乱的根源。"

广要道章第十二

【题解】

广要道,推广、阐发"要道"二字的义理,即进一步讲述为什么说"孝道"是至为重要的道德。这是儒家强调礼乐与孝道的教化作用的一贯思想。《孔传》说:"孝行著而爱人之心存焉,故欲民之相亲爱,则无善于先教之以孝也。"

子曰:"教民亲爱,莫善于孝①。教民礼顺,莫善于悌②。移风易俗③,莫善于乐④。安上治民,莫善于礼⑤。礼者,敬而已矣。故敬其父,则子悦;敬其兄,则弟悦;敬其君,则臣悦;敬一人⑥,而千万人悦⑦。所敬者寡,而悦者众。此之谓要道矣。"

【注释】

①"教民亲爱"二句:孔子认为,孝道就是热爱自己双亲,由此进而推及热爱别人的双亲,人民之间就能亲爱和睦。

②"教民礼顺"二句:悌,就是敬重并服从自己的兄长,由此进而推及敬重并服从所有的长上,人民之间就能有礼、讲理。

③移风易俗:改变旧的、不良的风俗习惯,树立新的、合乎礼教的风俗习惯。

④莫善于乐:儒家学者认为,音乐生于人情人性,通于伦理道德,因此,君王可以利用音乐,转移风气,引导人民接受新的风俗习惯。《乐记·乐施章》:"乐者,圣人之所乐也,而可以善民心,其感人深,其风移俗易,故先王著其教焉。"(《史记·乐书》)《白虎通·礼乐》:"王者所以盛礼乐何? 节文之喜怒,乐以象天,礼以法地,人无不含天地之气,有五常之性者,故乐所以荡涤,反其邪恶也;礼所以防淫佚,节其侈靡也。故《孝经》曰:安上治民,莫善于礼;移风易俗,莫善于乐。"

⑤莫善于礼：儒家学者认为，礼的作用是"正君臣父子之别，明男女长幼之序"，即维护社会固有的秩序和等级制度。《礼记·曲礼上》："道德仁义，非礼不成；教训正俗，非礼不备；分争辨讼，非礼不决；君臣上下、父子兄弟，非礼不定，……"《礼运》说："是故礼者，君之大柄也……所以治政安君也。"

⑥一人：指父、兄、君，即受敬之人。

⑦千万人：指子、弟、臣。千万，只是举其大数而已。

【译文】

孔子说："教育人民相亲相爱，再没有比孝道更好的了；教育人民讲礼貌，知顺从，再没有比悌道更好的了；要改变旧习俗，树立新风尚，再没有比音乐更好的了；使国家安定，人民驯服，再没有比礼教更好的了。所谓礼教，归根结底就是一个'敬'字而已。因此，尊敬他的父亲，儿子就会高兴；尊敬他的哥哥，弟弟就会高兴；尊敬他的君王，臣子就会高兴。尊敬一个人，而千千万万的人感到高兴。所尊敬的虽然只是少数人，而感到高兴的却是许许多多的人。这就是把推行孝道称为'要道'的理由啊！"

广至德章第十三

【题解】

本章推广、阐发"至德"二字的义理，即进一步讲述为什么说"孝道"是至为高尚的道德的理由，讲君王能够以身作则行孝道，为天下做表率，从而使天下为人子、人臣者知道孝悌父兄、尊敬君王。

子曰："君子之教以孝也，非家至而日见之也①。教以孝，所以敬天下之为人父者也②。教以悌，所以敬天下之为人兄者也。教以臣，所以敬天下之为人君者也③。《诗》云：'恺悌君子，民之父母④。'非至德，其孰能顺民⑤，如此其大者乎⑥！"

【注释】

①家至：到家，即挨家挨户地走到。日见之：天天见面，指当面教人行孝。郑注："非门到户至而见之。"

②"教以孝"二句：君子以身作则行孝悌之道，为天下做人子的做了表率，使他们都知道敬重父兄。孔传："古之帝王，父事三老，兄事五更，君事皇尸，所以示子、弟、臣人之道也。""三老"、"五更"，是由德高望重的老人所担任的顾问职务，天子要以敬父之礼敬"三老"，以事兄之礼事"五更"，为天下做出孝悌的典范。

③"教以臣"二句：孔传说是天子在祭祀时，对"皇尸"行臣子之礼。皇，即先王。尸，是祭祀时由活人扮饰的受祭的对象。天子通过祭祀行礼，做出尊敬君长、当好人臣的榜样。

④"恺悌"二句：语出《诗经·大雅·泂酌》。据说原诗是西周召康公为劝勉成王而作。恺悌，和乐安详，平易近人。

⑤孰：谁。

⑥如此其大者乎：本章在引《诗》句后，又有一句概括性的结语，刘炫《孝经述议》说："余章引《诗》，《诗》居章末，此于《诗》下复有此经者，

《诗》美民之父母,以证君之能教耳,不得证至德之大。故进《诗》于上,别起叹辞,所以异于余章也。"(见《复原》)

【译文】

孔子说:"君子以孝道教化人民,并不是要挨家挨户都走到,天天当面去教人行孝。以孝道教育人民,使得天下做父亲的都能受到尊敬;以悌道教育人民,使得天下做兄长的都能受到尊敬;以臣道教育人民,使得天下做君王的都能受到尊敬。《诗经》里说:'和乐平易的君子,是人民的父母。'如果没有至高无上的道德,有谁能够教化人民,使得人民顺从归化,创造这样伟大的事业啊!"

广扬名章第十四

【题解】

广扬名，推广、阐发首章"立身行道，扬名后世"所说的"扬名"的义理，即进一步讲述行孝和扬名的关系，强调"移孝作忠"的理论。孔传曾说："能孝于亲，则必能忠于君矣。求忠臣必于孝子之门也。"儒家认为，"扬名后世"是"孝"的更高级的标准，它只能与忠君紧密联系才可能实现。

子曰："君子之事亲孝，故忠可移于君①；事兄悌，故顺可移于长②；居家理，故治可移于官③。是以行成于内④，而名立于后世矣⑤。"

【注释】

①"君子"二句：这是儒家学者"移孝作忠"的理论。孔传："能孝于亲，则必能忠于君矣。求忠臣必于孝子之门也。"黄道周《孝经集传》说："所谓治国在齐其家者，其家不可教而能教人者无之，故君子不出家而成教于国。"

②"事兄"二句：孔传："善事其兄，则必能顺于长也。忠出于孝，顺出于弟。"

③"居家"二句：指家务、家政管理得好，就能把管理家政的经验移于做官，管理好国政。孔传："君子之于人……内察其治家，所以知其治官。"

④行：指孝、悌、善于理家三种优良的品行。内：家内。

⑤名立于后世：由于在家内养成了美好的品德，在外必能成为忠臣，成为驯顺可靠的部下，成为善于治理一方的行政官员，因而，就能扬名于后世。立，树立。这里指名声长远地流传。

【译文】

孔子说："君子奉事父母能尽孝道，因此能够将对父母的孝心，移作奉事君王的忠心；奉事兄长知道服从，因此能够将对兄长的服从，移作奉事官长的顺从；管理家政有条有理，因此能够把理家的经验移于做官，用于办理公务。所以，在家中养成了美好的品行道德，在外也必然会有美好的名声，美好的名声将流传百世。"

谏诤章第十五

【题解】

谏诤，对尊者、长者或友人进行规劝。这一章叙述遇到君父有失误时，臣子应当谏诤的道理。《谏诤章》提出"故当不义，则子不可以不争于父；臣不可以不争于君；故当不义则争之"的原则，体现了其进步因素。姚际恒《古今伪书考》批评这些话"何其径直而且伤于激也"，说它不像《论语》里"事父母几谏，见志不从，又敬不违，劳而不怨"那样，"多少低徊曲折"！并且以此怀疑《孝经》是伪书。不过，这也从另一个侧面证明了它的意义。当封建专制制度确立后，"当不义则争之"的进步原则便不再可能真正去实行了，取而代之的是"君要臣死，臣不得不死；父要子亡，子不敢不亡"，"天下无不是之父母"之类的说教。

曾子曰："若夫慈爱、恭敬、安亲、扬名①，则闻命矣。敢问子从父之令，可谓孝乎？"子曰："是何言与②！是何言与！昔者，天子有争臣七人③，虽无道，不失其天下；诸侯有争臣五人④，虽无道，不失其国；大夫有争臣三人⑤，虽无道，不失其家；士有争友，则身不离于令名⑥；父有争子，则身不陷于不义。故当不义，则子不可以不争于父；臣不可以不争于君；故当不义则争之。从父之令，又焉得为孝乎！"

【注释】

①若夫：句首语气词，用于引起下文。慈爱：指爱亲。慈，通常指上对下之爱，但也可指下对上之爱。刘炫《孝经述议》引《礼记·曲礼上》"不胜丧，乃比于不慈不孝"，《庄子·渔父》"事亲则慈孝，事君则忠贞"等，说："此等诸文，慈皆发于父母，则慈爱亦施上，非独以接下也。"（见《复原》）阮福《孝经义疏补》也说："子孝亲亦曰慈，慈爱即孝爱也。王引之《经义述闻》历引《孟子》'孝子慈孙'、《齐语》'慈孝于

父母’、《谥法解》‘慈惠爱亲曰孝’,以证之,是也。”

②与:通“欤”(yú),句末语气词,表感叹或疑问语气。

③天子有争臣七人:旧注说,天子的辅政大臣有三公、四辅,合在一起是七人。“三公”是太师、太傅、太保。“四辅”是前曰疑、后曰丞、左曰辅、右曰弼。争臣,敢于直言规劝的臣僚。

④诸侯有争臣五人:诸侯的辅政大臣五人,或说是三卿及内史、外史,合计五人。孔传说,五人是天子所任命的孤卿(天子派去辅佐诸侯的师、傅一类的官员)、三卿(指司马、司空、司徒)与上大夫。

⑤大夫有争臣三人:大夫的家臣,主要有三人。孔传说,三人是家相(管家)、室老(家臣之长)、侧室(家臣)。王肃说,“三人”无侧室,而有邑宰(见邢疏)。刘炫《孝经述议》说,以上“七、五、三”,都不是实数,“以其位高者易怠,务广者难周,贵者谏宜多,贱者谏宜少,父有争子,士有争友,子、友虽无定数,要以一人为率,即自下而上,稍增以二,从上而下,则如礼之隆杀,故举七、五、三耳,非立七、五、三官,使主谏诤”。(见《复原》。“一人为率”,《复原》“率”误为“主”,据邢疏改。)

⑥令名:好名声。令,善,美好。

【译文】

曾子说:“诸如爱亲、敬亲、安亲、扬名于后世等等,已听过了老师的教诲,现在我想请教的是,做儿子的能够听从父亲的命令,这可不可以称为孝呢?”孔子说:“这算是什么话呢！这算是什么话呢！从前,天子身边有敢于直言劝谏的大臣七人,天子虽然无道,还是不至于失去天下;诸侯身边有敢于直言劝谏的大臣五人,诸侯虽然无道,还是不至于亡国;大夫身边有敢于直言劝谏的家臣三人,大夫虽然无道,还是不至于丢掉封邑;士身边有敢于直言劝谏的朋友,那么他就能保持美好的名声;父亲身边有敢于直言劝谏的儿子,那么他就不会陷入错误之中,干出不义的事情。所以,如果父亲有不义的行为,做儿子的不能够不去劝谏;如果君王有不义的行为,做臣僚的不能够不去劝谏;面对不义的行为,一定要劝谏。做儿子的能够听从父亲的命令,又哪里能算得上是孝呢！”

感应章第十六

【题解】

　　感应，互相影响，交感相应。这里指孝悌之道，可以通于天地之神，神明受到感动而降下福祐。董仲舒在《春秋繁露·五行对》中即用"木火土金水"五行模式来讲孝；东晋元帝作《孝经传》说，孝"能使甘泉自涌，邻火不焚；地出黄金，天降神女，感通之至，良有可称"。受此影响，历代孝行感动神鬼，天降灵验的迷信故事不计其数。"感应章"，古文本及石台本皆作"应感章"。

　　子曰："昔者，明王事父孝，故事天明[①]；事母孝，故事地察[②]；长幼顺，故上下治。天地明察，神明彰矣[③]。故虽天子，必有尊也，言有父也[④]；必有先也，言有兄也[⑤]。宗庙致敬，不忘亲也。修身慎行，恐辱先也。宗庙致敬，鬼神著矣[⑥]。孝悌之至，通于神明，光于四海[⑦]，无所不通。《诗》云：'自西自东，自南自北，无思不服[⑧]。'"

【注释】

①"明王"二句：明王能够孝顺地奉事父亲，也就能够虔敬地奉事天帝，祭祀天帝，天帝能够感受，能够明了孝子的敬爱之心。孔传："孝，谓立宗庙，丰祭祀也。"

②"事母孝"二句：明王能够孝顺地奉事母亲，也就能够虔敬地奉事地神，祭祀地神，地神能够感受，能够清楚孝子的敬爱之心。

③"天地"二句：明王能明察天之道，明晓地之理，以奉事父母的孝顺奉事天地，天地之神也就能明察明王的孝心，充分地显现神灵，降下福祐。神明，指天地神灵。彰，显著，明显。

④"故虽"三句：天子虽然地位尊贵，但是必定还有尊于他的人，那就是他的父辈。郑注："虽贵为天子，必有所尊，事之若父，即三老是也。"唐玄宗注："父谓诸父。"孔传说，父是死去的父亲。参见下注。

⑤"必有"二句：天子必还有长于他的人，那就是他的兄辈。郑注："必有所先，事之若兄，即五更是也。"唐玄宗注："兄谓诸兄。"

⑥著：一说音 zhù，昭著之意，指神灵显著彰明。一说音 zhuó，就位、附着之意。指鬼魂归附宗庙，不为凶厉，从而祐护后人。

⑦光：通"横"，充满，塞满。《礼记·祭义》："夫孝，置之而塞于天地，溥之而横乎四海。"《尚书·尧典》："光被四表。"《汉书》引作"横被四表"。

⑧"自西"三句：语出《诗经·大雅·文王有声》。原诗歌颂周文王和武王显赫的武功。自西自东，自南自北，指包括了东西南北的四面八方。思，语气词。关于方位的顺序，邢疏引皇侃说云："自言西者，此是周诗，谓化从西起，所以文王为西伯，又为西邻，自西而东灭纣。"《礼记·祭义》："曾子曰：夫孝，置之而塞乎天地，溥之而横乎四海，施诸后世而无朝夕，推而放诸东海而准，推而放诸西海而准，推而放诸南海而准，推而放诸北海而准。《诗》云：'自西自东，自南自北，无思不服。'此之谓也。"颇疑后人据曾子放诸四海——东西南北顺序而改《诗经》。又，敦煌遗书伯 3428 等今文本也有作"自东自西"顺序的。

【译文】

孔子说："从前，圣明的天子，奉事父亲非常孝顺，所以也能虔敬地奉祀天帝，而天帝也能明了他的孝敬之心；他奉事母亲非常孝顺，所以也能虔敬地奉祀地神，而地神也能洞察他的孝敬之心；他能够使长辈与晚辈的关系和顺融洽，所以上上下下太平无事。天地之神明察天子的孝行，就会显现神灵，降下福祐。虽然天子地位尊贵，但是必定还有尊于他的人，那就是他的父辈；必定还有长于他的人，那就是他的兄辈。在宗庙举行祭祀，充分地表达对先祖的崇高敬意，这是表示永不忘记先人的恩情。重视修养道德，行为谨慎小心，这是害怕自己出现过错，玷辱先祖的荣誉。在宗庙祭祀时充分地表达出对先人的至诚的敬意，先祖的灵魂就会来到庙堂，享用祭奠，显灵赐福。真正能够把孝敬父母、顺从兄长之道做得尽善尽美，就会感动天地之神；这伟大的孝道，将充塞于天下，磅礴于四海，没有任何一个地方它不能达到，没有任何一个问题它不能解决。《诗经》里说：'从西、从东、从南、从北，东南西北，四面八方，没有人不肯归顺、服从！'"

事君章第十七

【题解】

君,君主。这一章是讲孝子在朝廷奉事君主时应有的表现。《孝经》论孝,核心却是以孝劝忠,以孝治天下,本章置于《丧亲章》前为压卷之章。《三国志》记载,孙权让严畯背小时候念过的书,严畯背起《孝经》"仲尼居"来,张昭骂他是"鄙生",说道:"臣请为陛下诵之。"他诵的是"君子之事上"。结果,在场的大臣们"咸以昭为知所诵"。可见《孝经》的事上忠君思想深入人心,有学者批判《孝经》乃是"变相《忠经》",是很有道理的。

子曰:"君子之事上也,进思尽忠①,退思补过②,将顺其美③,匡救其恶,故上下能相亲也④。《诗》云:'心乎爱矣,遐不谓矣。中心藏之,何日忘之⑤?'"

【注释】

①进:上朝见君。孔传:"进见于君,则必竭其忠贞之节,以图国事,直道正辞,有犯无隐。"

②退:下朝回家。孔传:"退还所职,思其事宜,献可替否,以补主过。"刘炫《孝经述议》说:"炫以为尽己之忠,无事不尔,非独进见于君方始尽也;补君之过,每处皆然,非独退还其职始思补也。""施之于君则称进,内省其身则称退。尽忠者,尽己之心,以进献于君;补过者,修己心以补君失。故以尽忠为进,补过为退耳,非谓进见与退还也。"(见《复原》)按,"进"、"退"对举,是一种修辞手段,不能过于死板生硬地理解它们的意义。

③将顺其美:这里是说,君王的政令、政教是正确的、美好的,那么就顺从地去执行。将,执行,实行。

④上下能相亲也:概括而言,臣能效忠于君,君能以礼待臣,君臣同心同德,就能相亲相爱。孔传:"道(导)主以先王之行,拯主于无过之

地,君臣并受其福,上下交和,所谓相亲。"

⑤"心乎"四句:语出《诗经·小雅·隰桑》。原诗相传是一首人民怀念有德行的君子的作品。这几句诗说,尽管心中热爱他,却因为相隔得太远,无法告诉他;只好把热爱之情藏在心中,不论何日何时都不会忘记。遐,远。

【译文】

孔子说:"君子奉事君王,在朝廷之中,尽忠竭力,谋划国事;回到家里,考虑补救君王的过失。君王的政令是正确的,就遵照执行,坚决服从;君王的行为有了过错,就设法制止,加以纠正。君臣之间同心同德,所以,上上下下能够相亲相爱。《诗经》里说:'心中洋溢着热爱之情,相距太远不能倾诉。心间珍藏,心底深藏,无论何时,永远不忘!'"

丧亲章第十八

【题解】

丧亲,指父母亡殁。这一章讲父母去世,孝子办理丧事和祭祀时应有的表现。此章内容只是孝子料理丧事的一些原则和纲要,具体的礼节可参看《仪礼》《礼记》的相关内容。

子曰:孝子之丧亲也,哭不偯①,礼无容②,言不文③,服美不安④,闻乐不乐⑤,食旨不甘⑥,此哀戚之情也⑦。三日而食,教民无以死伤生⑧。毁不灭性⑨,此圣人之政也。丧不过三年⑩,示民有终也⑪。为之棺、椁、衣、衾而举之⑫;陈其簠、簋而哀戚之⑬;擗踊哭泣⑭,哀以送之⑮;卜其宅兆⑯,而安措之⑰;为之宗庙,以鬼享之⑱;春秋祭祀,以时思之。生事爱敬,死事哀戚,生民之本尽矣⑲,死生之义备矣⑳,孝子之事亲终矣。

【注释】

①不偯(yǐ):是指哭的时候,哭声随气息用尽而自然停止,不能有拖腔拖调,使得尾声曲折、绵长。偯,哭的尾声迤逦委曲。按,据《礼记·间传》,哭丧者应按照与死者关系的亲疏远近,穿着斩衰等五种不同的丧服,也有不同的表现和哭法,"斩衰之哭,若往而不反;齐衰之哭,若往而反;大功之哭,三曲而偯;小功、缌麻,哀容而已。"父母之丧,孝子服斩衰,哭的时候应"若往而不反"。孔颖达疏云:"斩衰之哭,一举而至气绝,如似气往而不却反声也。"

②礼无容:这是说丧亲时,孝子的行为举止不讲究仪容姿态。唐玄宗注说:"触地无容。"指孝子稽颡(把额头贴近地面停留一些时间)行礼时,不讲究仪容姿态。《礼记·问丧》:"稽颡触地无容,哀之至也。"容,仪态容貌。

③言不文:这是说丧亲时,孝子说话不应辞藻华美,文饰其辞。文,指

文辞方面的修饰,有文采。

④服美不安:孝子丧亲,穿着华美的衣裳会于心不安,因此,丧礼规定孝子要穿缞麻。服美,穿着漂亮、艳丽的衣裳。

⑤闻乐不乐:由于心中悲哀,孝子听到音乐也并不感到快乐。所以,丧礼规定,孝子在服丧期内不得演奏或欣赏音乐。前一"乐"字指音乐,后一"乐"字指快乐。

⑥食旨不甘:这是说即使有美味的食物,孝子因为哀痛也不会觉得好吃。《礼记·间传》说:"故父母之丧,既殡食粥","既虞(下葬后)卒哭,疏食水饮,不食菜果;期(满一周年)而小祥,食菜果;又期(又满一周年)而大祥,有醯酱;中月(服丧期满之月)而禫(除去丧服前的祭祀),禫而饮醴酒。始饮酒者,先饮醴酒;始食肉者,先食干肉。"丧礼规定,服丧期间是不能吃美味食物的。旨,美味。甘,觉得好吃。

⑦哀戚:忧愁,悲哀。

⑧"三日"二句:《礼记·间传》:"斩衰三日不食。"丧礼规定,孝子三天之内不进食,三天之后即进粥食;如果悲哀过度,因为长久不吃饭而伤害了身体,也与孝道不合。

⑨毁不灭性:虽因哀痛而消瘦,但是不能瘦到露出骨头。毁,哀毁,因悲哀而损坏身体健康。《礼记·曲礼上》:"居丧之礼,毁瘠不形。"性,命。

⑩丧不过三年:孝子为父母之死服丧三年。《礼记·三年问》:"三年之丧,二十五月而毕。""孔子曰:'子生三年,然后免于父母之怀,夫三年之丧,天下之达丧也。'"三年之丧,实际上是二十五个月;服丧期间,孝子单独居住在服舍(服丧的庐舍)内,不能参加政治、文化和娱乐活动。

⑪示民有终也:唐玄宗注:"圣人以三年为制者,使人知有终竟之限也。"终,指礼制上的终结。对于父母之丧,孝子虽有终身之忧,但丧礼是有终结的。

⑫棺、椁(guǒ):古代棺木有两重,里面的一套叫棺,外面的一套叫椁。衣:指殓尸之衣。衾:指给死者铺、盖的被褥。据礼书,死者的地位身份高低尊卑不同,衣、衾的多寡也不同,棺、椁的厚薄、数量也不同。《礼记·檀弓上》:"葬也者,藏也。藏也者,欲人之弗得见也。是故衣足以饰身,棺周于衣,椁周于棺,土周于椁。"

⑬陈其簠(fǔ)、簋(guǐ)而哀戚之:丧礼规定,从父母去世,到出殡入

葬,死者的身旁都要供奉食物,用簋、篁、鼎、笾、豆等器具盛放,此处只举"簋、篁"为代表。簋篁,古代盛放食物的两种器皿。

⑭擗(pǐ)踊哭泣:擗,捶胸。踊,顿足;或作"踴"。孔传:"揥心曰擗,跳曰踊,所以泄哀也。男踊女擗,哀以送之。"《礼记·问丧》:"动尸举柩,哭踊无数。恻怛之心,痛疾之意,悲哀志懑气盛,故袒而踊之,所以动体安心下气也。妇人不宜袒,故发胸,击心,爵踊,殷殷田田,如坏墙然,悲哀痛疾之至也。故曰:'擗踊哭泣,哀以送之。'"

⑮送:指出殡、送葬。《礼记·问丧》:"送形而往,迎精而反也。"把遗体送往墓地,把精魂迎回宗庙。

⑯卜其宅兆:孔传:"卜其葬地,定其宅兆。兆为茔域,宅为穴。……卜葬地者,孝子重慎,恐其下有伏石漏水,后为市朝,远防之也。"《仪礼·士丧礼》记载有"筮宅"的礼仪,命辞说:"哀子某,为其父某甫筮宅,度兹幽宅,兆基无有后艰。"然后由筮者算出卦来,观看吉凶。占卦的目的主要是为了防止日后墓地发生变故,干扰死者。卜,占卜,指用占卜的办法选择墓地。宅,墓穴。兆,坟园,陵园。

⑰安措:安置,指将棺椁安放到墓穴中去。措,或作"厝",二字可通。

⑱"为之"二句:《礼记·问丧》记载,父母安葬后,"祭之宗庙,以鬼飨(通"享")之,徼幸复反也"。这是将死者的魂神迎回宗庙的祭祀,称之为"虞祭"。邢疏说:"既葬之后,则为宗庙,以鬼神之礼享之。"孔传说,"为之宗庙,以鬼享之",是指服丧三年期满后,"立其宗庙,用鬼礼享祀之也"。

⑲生民之本尽矣:这是说,能够做好上述事情,人民就算是尽到了根本的责任,尽到了孝道。孔传:"谓立身之道,尽于孝经之谊也。"生民,人民。本,根本,指孝道。

⑳死生之义:指父母生前奉养父母,父母死后安葬、祭祀父母的义务。孔传:"事死事生之谊备于是也。"

【译文】

孔子说:孝子的父母亡故了,哀痛而哭,哭得像是要断了气,不要让哭声拖腔拖调,绵延曲折;行动举止,不再讲究仪态容貌,彬彬有礼;言辞谈吐,不再考虑辞藻文采;要是穿着漂亮艳丽的衣裳,会感到心中不安,因此要穿上粗麻布制作的丧服;要是听到音乐,也不会感到愉悦快乐,因此不参加任何娱乐活动;即使有美味的食物,也不会觉得可口惬意,因此不吃任何佳肴珍馐;这都是表达了对父母的悲痛哀伤的感情啊！丧礼规定，父母死后三天，孝子应当开始吃饭，这是教导人民不要因为哀悼死者而伤害了生者的健康。尽管哀伤会使孝子消瘦羸弱，但是绝不能危及孝子的性命，这就是圣人的政教。为父母服丧，不超过三年，这是为了使人民知道丧事是有终结的。父母去世之后，准备好棺、椁、衣裳、被褥，将遗体装殓好；陈设好簠、簋等器具，盛放上供献的食物，寄托哀愁与忧思；捶胸顿足，嚎啕大哭，悲痛万分地出殡送葬；占卜选择好墓穴和陵园，妥善地加以安葬；设立宗庙，让亡灵有所归依，供奉食物，让亡灵享用；春、夏、秋、冬，按照时令举行祭祀，表达哀思，追念父母。父母活着的时候，以爱敬之心奉养父母；父母去世之后，以哀痛之情料理后事，能够做到这些，人民就算尽到了孝道，完成了父母生前与死后应尽的义务，孝子奉事父母，到这里就算是结束了。